Charles Swindoll

Leben in der Entscheidung

Verlag der
Francke-Buchhandlung GmbH
Marburg

CIP-Kurztitelaufnahme der Deutschen Bibliothek

Swindoll, Charles:
Leben in der Entscheidung / Charles Swindoll. [Dt. von Jutta Brandt]. –
Marburg: Francke, 1985.
(TELOS-Bücher; Nr. 411: TELOS-Taschenbuch)
Einheitssacht.: Make up your mind ‹dt.›
ISBN 3-88224-406-2
NE: GT

ISBN 3 88224 406 2

Originaltitel: Make up your mind

Deutsch von Jutta Brandt
Umschlaggestaltung: Friedrich Haubner
Titelfoto: N. Fischer-Anthony
Gesamtherstellung:
St.-Johannis-Druckerei C. Schweickhardt
7630 Lahr-Dinglingen
Printed in Germany 20648/1985
TELOS-Taschenbuch Nr. 411

Inhalt

Eine Welt in Grau

Wir malen unsere Welt in Grau. Das ist so unsere Art. Nicht dogmatisch schwarz oder absolut weiß. Nicht kristallklar, sondern nebelhaft. Unbestimmt. Mehr undurchsichtig als augenfällig. Unscharf. Sie wissen schon, so richtig ungewiß und unsicher . . . ungenau, einfach neutral.

»Realistisch« ist die zeitgemäße Art, es auszudrücken. Halte dich fern von allem und jedem, was nur irgendwie nach festen Überzeugungen und endgültigen Beschlüssen riecht. Betone Gefühle und den Werdegang, aber mach langsam mit Antworten, die deine Aussagen festnageln.

Wir leben mehr in einer Zeit des vagen Dialogs als in einer Zeit der festen Aussage. Eine Lebensweisheit in unserer Generation der Diskussionen ist die Rückfrage, Talkshows, das allgemeine Zerpflücken. Es ist zu strapaziös, sich mit anderen Ansichten auseinanderzusetzen, sich durch die Pros und Contras hindurchzuarbeiten mit der Absicht, ja oder nein zu sagen. Immer, wenn es zur Abstimmung kommt, muß das Grau überwiegen.

Eigentlich ist das keine neue Krankheit. Sie geht seit Jahrzehnten um. Aber jetzt ist sie aus den Verstecken herausgeschnellt. Dreist. Ohne Zögern. In das Gewand der Demut gekleidet, raubt sie uns den Schutz . . . so wie G. K. Chesterton, der C. S. Lewis des neunzehnten Jahrhunderts, es einmal herausstellt:

Woran wir heute leiden, ist die Demut am verkehrten Platz. Bescheidenheit hat sich verlagert. Der Mensch war so gedacht, sich selbst anzuzweifeln, aber nie die Wahrheit; das hat sich genau umgekehrt.

Geistige Bescheidenheit. Widerstreben, etwas zu akzeptieren, in sich aufzunehmen, sich auf etwas zu verlassen und sich öffentlich zu erklären. Selbst bei den offensichtlichsten, grundsätzlichsten Dingen.
Das hat mich etliche Jahre gequält. Nicht, daß ich gegen Diskussionen wäre oder unterschiedliche Meinungen – wer mich kennt, weiß das besser –, aber daß so vieles in der Luft bleibt. So vieles *bleibt* unsicher, obwohl die Bibel uns Genaues sagt, uns keine andere Alternative läßt, als den Zaun der Unentschiedenheit abreißen. Gott sagt viel häufiger: »Nun entscheide dich!« als: »Laß uns eine andere Meinung hören.«
Dies ist ein Buch, das Sie darum bittet, genau das zu tun. Es ist dazu gedacht, Sie zum Nachdenken zu bringen . . . zu entdecken, was auf dem Spiel steht, wenn Sie nach der grauen, unentschiedenen, sich immer verändernden, niemals beständigen Botschaft unserer Zeit handeln. Es ist ein Buch, das mit dem Kommentar des Paulus übereinstimmt von »den letzten Tagen« als von Tagen, von deren Menschen es heißt: ». . . von mancherlei Lüsten umgetrieben, lernen immerdar, und können nimmer zur Erkenntnis der Wahrheit kommen« (2. Tim. 3, 6 b. 7).

Ich bin John Sloan zu Dank verpflichtet, dem Verlagsleiter von Multnomah Press, genauso wie dem Verleger, John Van Diest, für ihren einsichtigen und eindringlichen Dienst. Und auch Helen Peters für ihren Fleiß, ihre Geschicklichkeit und ihren scharfen Blick beim Schreiben und Noch-einmal-Schreiben dieses Manuskripts mit konstanter Aufmerksamkeit auf die Details. Und natürlich bin ich meiner Familie dankbar für ihr selbstloses Verständnis, als ich gedrängt wurde, »mich auf die Hinterbeine zu setzen«, um dieses Projekt abzuschließen.

Wenn unser Herr dieses Buch benutzt, Sie vom endlosen, unnützen Syndrom des dauernden Diskutierens und Sich-nie-Entscheidens fortzubewegen, dann ist es den Einsatz wert, es in Druck zu bringen.
Wenn das in Ihrem Leben geschieht, dürfen Sie mich zufrieden malen.

Charles R. Swindoll

Entscheiden Sie sich . . .

. . . im Blick auf Irrtum und Wahrheit

Wahrheit – Irrtum!
Diese Begriffe erscheinen auf einem Blatt Papier so klar.
Wahrheit: das, was zuverlässig ist, objektiv, unser Vertrauen verdient, unseren Glauben fordert, Grundlegendes. *Irrtum:* das, was falsch ist, etwas, was wir meiden müssen, ablehnen, verneinen. Etwas, in das man nicht verwickelt sein sollte.
Aber diese ganze Klarheit erscheint verschwommen, wenn wir jene zwei absoluten Begriffe in das Gewand menschlicher Verhältnisse kleiden. Und dann die eindrucksvolle Wirkung der mehrheitlichen Meinung hinzufügen, theoretische Fragen, ethische Situationen und emotionale Attraktionen. All das läßt die Objektivität verblassen.
Die Wahrheit scheint so fremdartig überschattet. Gelegentlich sogar hart. Und unsere Gefühle addieren noch eine Menge hinzu. Sie verzerren Wahrheit in etwas, was zwischen unfair und intolerant liegt. Sie beziehen den Irrtum mit ein. Es ist unsere Chamäleonhaltung, die es liebt, die Farbe zu wechseln. Und anstatt mit Giftzähnen, schwarzen Höllenaugen und einem Zischen in Erscheinung zu treten, lächelt es mild und stellt gnädig Fragen wie diese:
»Sollte Gott gesagt haben . . .?« Und macht sogar Versprechungen wie: ». . . und werdet sein wie Gott.«
Lassen Sie uns wieder zu Begriffen kommen wie Wahrheit.
Lassen Sie uns aufhören, nach dem Irrtum zu greifen.
Es gilt, uns jetzt zu entscheiden!

Prüfend denken

Es gibt ein persisches Sprichwort, das mehr nach einem Zungenbrecher als nach einem Rat klingt. Einer unserer Lehrer schrieb es uns mit offensichtlichen Gründen ins Gedächtnis:

Wer nichts weiß und nicht weiß, daß er nichts weiß, ist ein Narr; meide ihn.
Wer nichts weiß und weiß, daß er nichts weiß, ist ein Kind; lehre ihn.
Wer etwas weiß und nicht weiß, daß er etwas weiß, schläft; wecke ihn auf.
Wer etwas weiß, und weiß, daß er etwas weiß, ist weise; folge ihm.

Alle vier »Typen« können auf jedem Universitätsgelände herumlaufen, in jedem Beruf, in jeder Nachbarschaft, in jeder Gemeinde. Sie tragen keine Aufkleber, noch stellen sie sich in dieser Weise vor. Sie werden niemals jemanden erleben, der Ihre Hand schüttelt und sagt: »Hallo, ich bin Donald. Ich bin ein Narr!« Es ist vielmehr so, das *letzte,* was er Ihnen zu erkennen geben möchte, ist jene Wahrheit tief drinnen, daß »er nichts weiß und nicht weiß, daß er nichts weiß«.
Wie aber sollen wir es dann um alles in der Welt wissen, wen wir meiden sollen, lehren, aufwecken oder wem wir folgen sollen? *Prüfen* lautet die Antwort! Geschick und Genauigkeit im Charakterlesen. Die Fähigkeit, die eigentliche Wahrheit ausfindig zu machen und zu identifizieren. Unter die Oberfläche gucken und die Situation korrekt »abschätzen«. Zwischen den sichtbaren Zeilen lesen.
Ist das ein wertvoller Zug? Beantworten Sie es sich

selbst. Als Gott dem Salomo sagte, er dürfe sich etwas wünschen – irgend etwas – und es würde ihm gewährt, erwiderte der König:

»So wollest du deinem Knecht ein gehorsames Herz geben, damit er dein Volk richten könne und verstehen, was gut und böse ist« (1. Kön. 3, 9).

Und spricht man nicht bis zum heutigen Tag von der Weisheit Salomos? Paulus setzt uns darüber in Kenntnis, daß das Prüfen ein Wesenszug ist, der mit echtem geistlichem Leben verbunden ist (1. Korinther 2, 14–16).

Hebräer 5, 14 nennt es ein Zeichen der Reife. Dort ist die Rede von den Vollkommenen! Das Prüfen gibt einem, wie Sie sehen, einen geeigneten Bezugsrahmen, eine definitive Linie, Gut und Böse voneinander zu trennen. Es handelt wie ein Schiedsrichter, der pfeift, wo Unechtes (Unrechtes) geschieht. Es ist so genau, wie ein Pathologe beim Mikroskopieren. Beim Prüfen pickt man seine Daten mit großer Sorgfalt heraus. Auf Schwindel fällt man nicht herein

. . . oder flirtet mit dem Schein

. . . oder tanzt mit den Betrügern

. . . oder gibt der Nachäffung einen Gutenacht-Kuß.

Denken Sie einmal darüber nach, ein Abend mit dem Guten Buch (der Bibel) dürfte mehr entspannen als das Herumtreiben mit einer leichtgläubigen Bande, die alles schluckt. Sie sehen, es kommt von dem Buch, daß man durch Prüfen die Narren von den Kindern zu unterscheiden lernt . . . und den Schlafenden vom Weisen.

Bevor Sie mit der alten Binsenweisheit beginnen: »Das klingt aber nicht sehr nett«, werfen Sie besser noch einen zweiten Blick auf den Rat des Johannes. Sie erinnern sich an Johannes? Er ist es, der bekannt ist für seine zärtliche Liebe zu Jeus. Er schrieb:

Ihr Lieben, glaubet nicht einem jeglichen Geist, sondern prüfet die Geister, ob sie von Gott sind . . . (1. Joh. 4, 1).

In der Sprache von heute – »Hör auf, alles zu glauben, was du hörst. Gib auf, so leicht überzeugt zu sein. Sei wählerisch! Denke nach! Prüfe!« – unkritische Liebe ist empfänglicher für Ketzerei – mehr als jeder von uns zu glauben bereit ist. Eine der Überlebenstaktiken angesichts der »feurigen Pfeile des Bösen« (Eph. 6, 16) ist die, sicher zu gehen, daß wir den Gürtel der *Wahrheit* fester umgeschnallt haben. Und was uns im Kampf mit dem Feind hilft, stärkt uns in der Beziehung zu Freunden.
Ein Gläubiger ohne Prüfen ist wie ein Unterseeboot im Hafen mit Volldampf voraus, ohne Radar und Periskop. Oder wie eine vollbesetzte B 747 oder DC 10, die in dichtem Nebel ohne Instrumente oder Funk zu landen versucht. Eine Menge Lärm, großer Kraftaufwand, gute Absichten . . . bis . . . Ich weiß kein anderes persisches Sprichwort, um den Ausgang zu beschreiben, aber wer braucht das schon? Das passiert tagein, tagaus . . . mit verheerender Regelmäßigkeit.
Stimmt es, daß Sie Sehnsucht nach Weisheit haben, aber Sie wissen nicht, wo Sie sie finden können?

- Gehen Sie auf Ihre *Knie.* Jakobus 1, 5 verheißt Weisheit denen, die darum bitten.
- Gehen Sie ins *Wort.* Psalm 119, 98–100 gibt uns Einsicht in unsere Lieblingsträume.
- Gehen Sie zu den *Weisen.* Prüfen ist besser ans Leben gebunden als gelehrt. Als Krankheit ist sie allerdings oft höchst ansteckend.

Dieses Angebot ist gut für das Leben und kommt mit

dem Gütesiegel der Zufriedenheit. Alle können es anwenden, auch die, die meinen, sie wissen alles – und wissen nicht, daß sie nichts wissen.

Achthaben auf Schwindler

Ein Freund von mir aß eines Abends Hundefutter. Nein, er war auf keiner Landstreicherparty . . . er war tatsächlich bei einem eleganten Studentenempfang im Haus eines Arztes in der Nähe von Miami. Das Hundefutter wurde auf feinen kleinen Crackern serviert mit einer Scheibe von importiertem Käse, einem Speckstückchen, einer Olive und einem Jamaikapfeffer-Splitter obendrauf. Es ist wahr, Freunde und Nachbarn, das war Hors d'oeuvres à *la Bello*.

Die Gastgeberin ist ein »Filou«! Sie müßten sie kennenlernen, um die Geschichte richtig zu beurteilen. Sie hatte gerade einen Gourmet-Kochkurs beendet, und so beschloß sie, ihr Geschick endgültig zu testen. Und das hat sie getan! Nach der Produktion dieser miserablen Bissen und nachdem sie sie auf etlichen Silbertabletts angerichtet hatte, beobachtete sie mit einem verschmitzten Grinsen, wie sie verschwanden. Ein junger Mann – mein Freund – konnte nicht genug kriegen. Immer wieder ging er zum Büffet, um mehr zu ergattern. Ich erinnere mich nicht mehr, wie sie ihm die Nachricht beibrachten . . ., aber als er die Wahrheit erfuhr, hat er wahrscheinlich gebellt, und der Gastgeberin ins Bein gebissen. Bestimmt aber hat er ein bißchen gewürgt.

Seitdem ich diese Geschichte gehört habe – sie entspricht tatsächlich der Wahrheit –, ist mir immer wieder die Erkenntnis gekommen, wie perfekt sie etwas illustriert, was *täglich* in anderen Bereichen passiert. Ich denke dabei an religiöse Schwindler . . . Berufsscharlatane . . . Betrüger . . . Nachahmer. Christen, die ihre Waren auf blanken Platten zu Markte tragen, mit gut duftender Überredung und eindrucksvollem Aussehen. Als Meister des Betrugs servieren sie »erquickende Mahlzeiten«, getarnt mit logisch klingenden Begriffen. Betrug kommt in überzeugender Form, in authentischem Gewand, sogar mit einem gewissen Stil. Unter den Millionen gibt es viele leichtgläubige Unersättliche, die zum Verschlingen von Lügen verführt werden, in der Meinung, sie verdauten die Wahrheit. In Wirklichkeit unterstreichen sie die abgenutzten Worte von Phineas Taylor Barnum: »Ein Einfaltspinsel wird jede Minute geboren.«

Denn solche falschen Apostel und arglistigen Arbeiter verstellen sich zu Christi Aposteln. Und das ist auch kein Wunder; denn er selbst, der Satan, verstellt sich zum Engel des Lichtes. Darum ist es nichts Großes, wenn sich auch seine Diener verstellen als Diener der Gerechtigkeit . . . (2. Kor. 11, 13–15).

Ein Blick auf die Silberplatte und alles sieht herrlich aus: »Apostel Christi . . . Engel des Lichtes . . . Diener der Gerechtigkeit.« Durch den Geist des Verstellens sehen sie nicht nur gut aus, sie fühlen sich auch gut an, sie duften gut! Der Vermittler hält es Ihnen unter die Nase.

Es wimmelt von Beweisen! Hören Sie auf einige:

»Das ist neu . . ., es hat mein Leben verändert!«

Andere sagen:»Ich tat, was er gesagt hat . . . , und jetzt spricht Gott ganz direkt zu mir. Ich habe Visionen. Ich kann Gott fühlen.«

Über Millionen rufen es frei heraus: »Ewigkeit ist jetzt

. . . Materialismus ist göttlich. Reichwerden ist ein Zeichen von Geistlichkeit.«
Eine größere Gruppe von Anhängern ruft: »Wir besitzen nichts. Alles geht an den Guru.«
Sie finden sie überall. An Straßenecken mit kleinen Broschüren, immer so gottergeben aussehend. In die Sterne blickend, wo sie die Zukunft entdecken. In kleinen Gruppen an Abhängen sitzend, während sie Pommes frites essen und es ablehnen, sich zu rasieren oder zu waschen, aus Angst davor, sie könnten ihre »Gemeinschaft mit Gott« unterbrechen. Das Tablett ist voll von Variationen! Sie finden einige, die religiöse Veranstaltungen mit Pep besuchen, geleitet von feurigen Stimmungsmachern in orangefarbenen 800-Dollar-Anzügen und diamantbeschlagenen Schuhen. Das entgegengesetzte Extrem sind träumende Mystiker, die die Abgeschiedenheit vorziehen und in der Stille verharren.
Sie mögen ein »neues« Aussehen haben, sich neu anfühlen und neu schmecken, wie etwas wirklich Neues – aber sie sind es nicht. So wie Screwtape einmal das Verspaar ihres Vaters für Wormwood zitiert hat:

> Old error new dress is ever error nonetheless.
> (Alter Irrtum im neuen Kleid ist nichtsdestoweniger immer Irrtum.)

Was eine andere Möglichkeit ist, zu sagen: »Hundefutter ist Hundefutter, egal, wie es dekoriert ist.« Oder wie Paulus es so scharf hinstellt: »Sie sind falsch . . . arglistig . . . verstellen sich zu Christi Aposteln.«
Unglücklicherweise wird es solange gut aussehende, süßduftende Leckerbissen geben, solange es Hände geben wird, die nach der Platte greifen. Aber eines Tages, eines schrecklichen Tages, wird das Endgericht entscheiden und die Wahrheit vom Irrtum kundtun. Da

wird es ein großes Würgen und Spucken geben . . . und es wird nicht länger gut schmecken.
Nichts schmeckt gut in der Hölle.

Beim Ziel bleiben

Es war einer von jenen Morgen . . .
Menschen. Forderungen. Schlußtermine. Große Entscheidungen. Frustration über das Nichterreichen gesteckter Ziele. Endlose Unterbrechungen, vermischt mit bohrendem Kopfweh, das Aspirin nicht vertreiben und positives Denken nicht verdrängen wollte. Sie wissen schon, einer von diesen Türzuschlage-, »Was-hat's-für-einen-Sinn«-Tage, die ungefähr einmal in der Woche kommen, bis zum Abend anhalten . . . und mit Ihnen die Nacht verbringen würden, wenn Sie sie ließen.
Genau in der Mitte des Schlamassels steckte doch einer seinen Kopf durch die Tür, lächelte und ließ – unter anderem – einen richtigen Edelstein auf mich fallen. Beschäftigt, wie ich war, erfaßte ich seinen Glanz erst, als ich das Zeug aufeinanderstapelte, das ich mit nach Hause schleppen mußte, um am Abend daran zu arbeiten. Ich hörte auf zu stapeln, hob meinen Kopf und war fasziniert:

> *Wer* weiß, *wie,* wird immer zu tun haben . . . , und er wird immer für den arbeiten, der weiß, *warum.*

Guter Gedanke, ein Edelstein, ja?
Hören Sie auf für heute mit Ihrem Aufreiben und Aufstapeln, und zwar lange genug, daß Sie das in sich hineintrinken können. Es wird Sie natürlich dahin drängen, sich selbst zu fragen: »In welchem Lager befinde ich mich?« Nicht, daß es entweder richtig oder falsch ist. Nur zum Aufschlüsseln. Verstehen Sie das jetzt bitte nicht

falsch, beides ist absolut wesentlich in unserer Gesellschaft, das Wie und das Warum! Wenn Sie es hinterfragen, versuchen Sie sich vorzustellen, wie tausend Häuptlinge in den Krieg jagen . . . oder 216 Abteilungsleiter in die Abteilung, in der Sie arbeiten . . . oder einen Laden voller Automechaniker, wo jeder nur die Aufträge erteilt und Rechnungen schreibt . . . oder ein College ohne Fakultät und einen Konferenzraum voller Dekane . . . oder 25 Manager als Ersatzspieler beim Fußball.

Menschen, die wissen, *wie,* sind an der Front und im Schützengraben, sie verkaufen das Produkt, lehren die Studenten, reparieren die Autos, schreiben die Briefe, schwingen den Schläger so, daß die Arbeit geschieht. Solche, die fleißig sind und ihre Arbeit wirklich verstehen, sind unschätzbar. Sie werden selten Schwierigkeiten haben, eine Anstellung zu finden. Eine weitere Tatsache: Sie werden zahlenmäßig immer die Mehrzahl in der arbeitenden Welt bilden.

Aber es muß auch solche in der Leitung geben, die wissen, *warum.* Menschen, die die Energie ins Joch spannen können und Direktiven geben . . . Menschen, die Managementfähigkeiten haben, die jene motivieren und begeistern, die wissen, wie. Die Schwierigkeiten entstehen an drei Ecken:

1. Die, die wissen, *warum,* verbringen zu viel Zeit mit dem Tun von Dingen, die von denen getan werden sollten, die wissen, wie.
2. Die, die wissen, *wie,* erkennen nicht das Warum hinter dem, was sie tun.
3. Die, die wissen sollten, *warum,* wissen nicht – und kümmern sich nicht darum – warum!

Wenn organisiertes Management nichts für Sie ist, dann langweilen Sie sich jetzt und versuchen zu schlafen. Aber die wenigen, die jetzt noch lesen, denken Sie bitte nach über die Wichtigkeit, die richtige Philosophie zu haben bei dem, was Sie auszuführen versuchen. Je weiter Sie in der Organisationsstruktur nach oben kommen, desto mehr muß die Frage »Warum« angewandt werden.

Das ist z. B. absolut wesentlich in einer Ortsgemeinde. Wenn wir sie nicht beherzigen, sind wir systematisch damit beschäftigt, täglich Feuer zu entzünden, im Rundumschlag Bäume zu fällen, mit allen Gliedern zu zappeln und wütend planlos mit dem bösartigsten Biest auf Erden zu kämpfen – mit der Schuld.

Jesus Christus – unser letztendlicher Chef – hat unsere Philosophie klar ausgedrückt:

Und er hat etliche zu Aposteln gesetzt, etliche zu Propheten, etliche zu Evangelisten, etliche zu Hirten und Lehrern, daß die Heiligen zugerüstet werden zum Werk des Dienstes. Dadurch soll der Leib Christi erbaut werden (Eph. 4, 11–12).

Prüfen Sie diese Worte nicht nur, studieren Sie sie. Sie bilden das Ziel einer örtlichen Gemeinde – aber sie sind in dieser Zeit verrückt machender Aktivität ihrem Wesen nach ignoriert worden. Wenn wir uns von diesem Ziel wegbewegen, verlieren wir die Sinngebung.

– Warum hat der Herr eine Leitung gegeben? Die Heiligen zuzurüsten.
– Warum müssen Heilige zugerüstet sein? Zu dienen.
– Warum ist es wichtig zu dienen? Den Leib zu erbauen.

Dies ist kein Fragebogen mit mehreren Antworten – zum Ankreuzen. Es ist unsere Grundlage . . . unsere grundlegende Philosophie. Betonen Sie diese Dinge bis zum äußersten, und es ist verblüffend, wie einfach und aufre-

gend unser Job in Wirklichkeit ist. Wer ist das Hauptziel unseres Dienstes? Die Gläubigen. Was ist die Hauptnotwendigkeit in ihrem Leben? Zugerüstet zu werden zum Dienst. Zugerüstet durch Gottes-Dienst, Unterweisung und Gemeinschaft. Zugerüstet, sich in Evangelisation und Mission ausdrücken zu können. . . zu Hause, in der Gemeinde, in der Welt. Alles, was wir tun, alles, was wir unterstützen und finanzieren und gutheißen, sollte einen direkten Bezug haben zum Zurüsten und/oder zum Dienen. Das ist die Wahrheit!
Es ist unschätzbar, wenn Menschen in der Gemeinde wissen, wie und warum. Wenn wir beim Ziel bleiben, wird es für uns keinen Grund geben, wie ein Hampelmann zu zappeln, ohne Sinn und Wert. Leider aber ist das in vielen Gemeinden so.

Gott, gib uns Vorbilder

Ein Kirchendiener begegnete mir vor etlichen Sonntagen beim Verlassen der Kirche. Er gehörte zu denen, die das Opfer gezählt hatten. Als er zu mir kam, lächelte er, streckte seine Hand aus und sagte: »Ich habe etwas für Sie. Es war im Opfer.«
Es war ein kleiner Zettel, geschrieben von einem Kind, das im Morgengottesdienst gewesen war. Ich las:

> *Für Pastor Chuck Swindoll.*
> Ich glaube nicht, daß Du mich kennst, aber ich kenne Dich. Du bist ein sehr guter Redner für Jesus Christus, ich denke an Dich. Ich verstehe sogar, was Du sagst. Das muß so sein.
> *Ich liebe Dich!*

Raten Sie, was an dem Zettel klebte? Ein Schokoladenbonbon, eingewickelt in Zellophan, genußbereit. Ja, lieber Freund, das ist Verehrung! Wenn ein Kind seinen hochgeschätzten Besitz aufgibt . . . o ha! Dieser Bonbon bedeutet mehr für mich als die meisten Ehren, die ich je empfangen habe, weil er etwas darstellt, das man mit keinem Geldbetrag kaufen kann: Die Achtung eines Kindes. Persönliche Verehrung. Für einen jungen Menschen, der in unserer Riesengemeinde fast untergeht, stellte ich jemanden dar, zu dem er aufschaut, und an den er glaubt.

Ich bin ehrlich, es würgte mich. Ich stellte mich aber auch zugleich aufrecht hin. Irgendwo draußen ist ein Kind, dessen Augen auf mir ruhen . . . dessen Ohren eingestimmt sind . . . das auch ganz schön wählerisch ist. Zudem ist es in Zellophan eingewickelt . . . mit einem Band zugebunden . . . und nicht einmal beleckt worden – so weit ich das sagen kann.

Verehrung! Davon gibt es nicht viel heute. Vielleicht erklärt das den übermäßigen Hunger nach Phantasiehelden wie Batman, Superman und Rocky. Es gab keine Zeit, in der die Stars unter den Athleten größere Fanclubs hatten und die Musikgruppen mehr Anhänger. Es gab eine Zeit, da versorgte uns der Patriotismus mit all den Vorbildern, die wir brauchten. Der Polizist an der Ecke mag angestarrt worden sein, aber es geschah aus Achtung, nicht aus Rebellion, Ärzte wurden verehrt ebenso wie Lehrer, Richter, Pastoren, Politiker, hart Arbeitende, Mütter und Väter.

Was ist passiert? Warum die geringe Beachtung oder gar Mißachtung leitender Persönlichkeiten? Besonders für die Stillen im Lande, die für Anstand und Redlichkeit stehen und für die Liebe zum Land, für Menschenwürde und für eine gesunde Achtung der Familie.

Haben die Korruptionsskandale jedermanns Vertrauen in jeden geraubt? Sind alle Polizisten suspekt? Muß jeder Prediger beweisen, kein Elmer Gantry zu sein? Ist es für Chirurgen notwendig, mehr Angst zu haben vor einem Prozeß wegen einer Falschbehandlung als vor einer Gallenblasenoperation? Ist Korruption in der Regierung so vorherrschend, daß junge Männer und Frauen guten Gewissens Politologie nicht mehr als Hauptfach studieren? Hat Vietnam usf. jeden gegen das Militär erbittert? Ich meine, wo sind die Helden?

Die Frage eines Dichters unseres Landes »Gibt es keine Feinde, denen ich ins Gesicht sehen kann?« sollte abgewandelt werden in »Gibt es keine Vorbilder, denen ich folgen kann?« Und es ist eine berechtigte Frage. Feinde, denen wir ins Gesicht sehen können, haben wir. Vorbilder, die wir verehren können, haben wir nicht. Wenigstens scheint es so.

Es ist schon seltsam, wenn man so etwas schreibt, man fühlt sich ein bißchen überholt . . . wie auf einer provisorischen Rednerbühne. Man spürt, da ist ein ganzer Trupp von Quasi-Sophisten, die denken: »Da kommt die alte Marine in Swindoll wieder hervor. Schatten erbitterter Schlachten.« Gut, wenn ein Bekenntnis hilft, ich gebe offen zu, daß mir immer noch ein Schauer den Rücken hinunterläuft, wenn sie bei den Olympischen Spielen unsere Nationalhymne spielen. Ich bekenne auch, daß mir ein bißchen schwindelig vor Augen ist, wenn ich mich daran erinnere, wie ich strammstand und den Treueeid sagte . . . dann für einen gelähmten Präsidenten betete, den ich nie gesehen hatte, aber mehr verehrte, als Worte das ausdrücken könnten.

Unsere zynische, egozentrische Gesellschaft würde gut daran tun, ein unschätzbares Antiquaritat zu restaurieren, das zur Seite geworfen worden ist, vergessen, wie ein staubbedeckter Schatz: Verehrung! Wenn diese Restauration stattfindet, dann kommt auch der mutvolle Geist wieder hervor, die Moral, die uns den Stolz gab, zusammenzurücken, und die Leidenschaft, allein zu stehen, wo es notwendig war. Unsere Kinder brauchen sie. Auch unsere Jugend, genau wie die Erwachsenen. Einzelne halten wir in hohem Ansehen, in denen die Qualität der Größe verkörpert ist. Menschen, die die Grundprinzipien des soliden christlichen Wesens widerspiegeln. Das aber kann weder erworben noch vererbt werden. Langsam, beinahe unbeachtet, wird die Verehrung zum Kohlepapier, das durch das Reiben eines Lebens gegen ein anderes Charakterqualitäten überträgt.

So wie Christus auf seine Jünger. Wie ein guter Trainer auf seine Mannschaft. Wie ein zuverlässiger christlicher Geschäftsmann auf seine Leute. Wie ein vertrauenswürdiger Vater auf seine Familie. Gewöhnlich betrachtet das Vorbild sich nicht einmal als solches, bis eine Kleinigkeit passiert.

So eine Kleinigkeit wie ein Schokoladenbonbon im Gottesdienstopfer am Sonntagmorgen.

Zurücklehnen und aufschauen

Sind Sie bereit, Ihren Geist ins Schwanken zu bringen? Wenn nicht, dann ist es besser, dies hier zur Seite zu schieben, bis Sie es können. Es ist zu anstrengend, mit einem Gähnen weiterzumachen.

Der Kern dieses Gedankens traf mich, als ich vor einiger Zeit in einem tiefen Tannenwald war. Ich legte mich hin und schaute nach oben. Ich meine wirklich nach oben. Es war eine dieser klaren Sommernächte, in denen man ins

Unendliche schauen kann. Zum Erschauern sternig. Die Weite des Himmels sprach beredt von der Herrlichkeit Gottes. Das Ausmaß deklarierte still das Werk seiner Hände. Worte würden die Ehrfurcht dieses Augenblicks nicht angemessen formulieren können. Ich erinnerte mich an einen Ausspruch, den einer meiner Mentoren gewöhnlich tat: »Bewunderung ist unfreiwilliges Lob« Diese Nacht geschah es bei mir.

Was mich zutiefst traf, als ich mich in meinem Schlafsack zusammenrollte, war dies: Alles, was ich gesehen habe, gehört zu dieser einen Galaxie. Es gibt weitere Hunderte jenseits unserer eigenen. Vielleicht Tausende . . . etliche viel größer als unsere. Die Astronomen sind jetzt überzeugt, daß es zwanzig Galaxien innerhalb von zweieinhalb Millionen Lichtjahren gibt. »Es mag innerhalb des photographischen Bereichs des 200-Inch Mount Palomar Teleskops eine Milliarde Galaxien geben« (Zitat).

Nun lassen Sie uns aber einmal unser Denken lediglich auf dieses eine Sonnensystem beschränken . . . auf einen winzigen Bruchteil des Universums über uns. Weil es unmöglich ist, die atemberaubende Entfernung um uns herum erfassen zu können, brauchen wir Analogien, einfache Vergleiche, die uns helfen. Halten Sie an, und wir machen eine schnelle Reise in die jenseitigen Regionen.

Wenn es möglich wäre, in der Lichtgeschwindigkeit zu reisen, dann könnten Sie den Mond in eineindrittel Sekunde erreichen. Aber wenn Sie in derselben Geschwindigkeit weiterreisen, wissen Sie, wie lange es dauern würde, bis Sie den allernächsten Stern erreichen? Vier Jahre. Unglaublicher Gedanke!

Wenn Sie einmal das Hayden Planetarium von New York City besuchen sollten, dann werden Sie sehen, daß die Miniaturnachbildung unseres Sonnensystems die Geschwindigkeiten und Größen unserer Planeten zeigt. Das Interessante ist, daß die drei äußeren Planeten nicht eingeschlossen sind. Es war kein Platz mehr für Uranus, Neptun und Pluto. Uranus würde sich im Außenflur des Planetariums befinden, Neptun ungefähr in der 8. Avenue. Und Pluto? Weitere drei lange Avenues entfernt – in der 5. Avenue. Es sind natürlich auch keine Sterne außerhalb unseres Sonnensystems festgehalten,aus offensichtlichen Gründen. Können Sie sich vorstellen, wo der nächste Stern im Verhältnis zum Skalon lokalisiert wäre? In Cleveland, Ohio. Ungeheuerlich! Und das ist nur unser eigenes Milchstraßensystem, Sie erinnern sich!

Ein Wissenschaftler schlug einmal einen anderen interessanten Vergleich vor. Um die Szenerie zu erfassen, stellen Sie sich ein ganz und gar glattes Glaspflaster vor, auf dem der kleinste Fleck gesehen werden kann. Und dann lassen Sie unsere Sonne 865 000 Meilen im Durchmesser auf nur zwei Fuß zusammenschrumpfen . . . und legen Sie dafür einen entsprechend großen Ball auf das Pflaster, um die Sonne darzustellen.

Gehen Sie 82 Schritte weg – ungefähr zwei Fuß per Schritt – und um den ersten Planeten, Merkur, proportional darzustellen, legen Sie ein winziges Senfkorn hin.

Gehen Sie 60 weitere Schritte, und für Venus nehmen Sie einen gewöhnlichen Klicker.

Kennzeichnen Sie 78 weitere Schritte . . . legen Sie eine grüne Erbse hin, um die Erde darzustellen.

Gehen Sie 108 Schritte von dort weg, und für Mars legen Sie einen Pinkopf hin.

Sprühen Sie etwas feinen Nebel für die Asteroiden herum, und dann machen Sie weitere 788 Schritte. Für

Jupiter plazieren Sie eine Orange auf das Glas, an jenem Punkt.
Nach 934 weiteren Schritten legen Sie einen Golfball hin für Saturn.
Nun wird es richtig verzwickt. Markieren Sie weitere 2086 Schritte, und dort dann Uranus für ein Marmorstückchen.
Weitere 2322 Schritte von dort kommen Sie bei Neptun an. Stellen Sie Neptun durch eine Kirsche dar.
Dies ergibt eine Strecke von mehr als 4 Kilometer, und von Pluto haben wir nicht einmal gesprochen. Wenn wir das zum Drehen bringen, haben wir eine glatte Glasoberfläche, 8 Kilometer im Durchmesser, aber das ist nur ein ganz winziger Bruchteil des Himmels, total zusammengeschrumpft – Pluto nicht inbegriffen. Auf dieser Oberfläche von 8 Kilometern haben wir nur ein Samenkorn, einen Klicker, eine Erbse, einen Pinkopf, etwas Nebel, eine Orange, einen Golfball, ein Marmorstückchen und eine Kirsche. Raten Sie mal, wie weit wir auf derselben Skala gehen müßten, bevor wir einen weiteren Zwei-Fuß-Ball hinlegen könnten, um den nächsten Stern darzustellen. Nun los, raten Sie! Siebenhundert Schritt? Weitere tausend Schritt? Viertausendvierhundert Fuß? Nein, Sie sind weit entfernt.
Wir müßten über 10000 Kilometer gehen, bevor wir zu jenem Stern kommen könnten. Und das ist erst der erste Stern unter Millionen. In einer Galaxie unter vielleicht Tausenden mögen Milliarden sein. Und alle davon in fortgesetzter Bewegung . . . perfekt synchronisiert . . . die akkurateste Zeitbestimmung, die dem Menschen bekannt ist.
Phänomenal ist nicht das Wort dafür.
Kein Gott? Alles durch Zufall? Wen wollen Sie eigentlich auf den Arm nehmen? Ich kann mir wahrhaftig

keinen irrigeren Gedanken vorstellen als diesen. Achten Sie sorgfältig auf die Wahrheit:

Denn was man von Gott erkennen kann, ist unter ihnen (Menschen, die die Wahrheit Gottes nicht anerkennen), offenbar; Gott hat es ihnen offenbart. Denn Gottes unsichtbares Wesen, das ist seine ewige Kraft und Gottheit, wird ersehen seit der Schöpfung der Welt und wahrgenommen an seinen Werken, so daß sie keine Entschuldigung haben (Röm. 1, 19–20).

Es ist höchste Zeit, daß Sie sich entscheiden im Blick auf die Wahrheit.

. . . im Blick auf jetzt und später

Jetzt. Später.

Die Art und Weise, wie wir auf diese beiden Begriffe reagieren, offenbart unsere Prioritäten. *Jetzt:* die wichtigen Dinge, die wertvollen Ereignisse, Ziele, Aufträge und Projekte, die nach sofortiger Aufmerksamkeit rufen. *Später:* weniger wichtige Dinge verschieben wir, gehen daran vorbei, vergessen und ignorieren sie sogar. Die wesentlichen und wichtigen sollten ein Teil unseres »Jetzt«-Vokabulars sein; sie sollten in der Tat Gewohnheiten werden, die wir pflegen. Die Zufälle, das Unwichtige, können bis später warten. Klingt einfach, aber Sie und ich wissen, daß es das nicht ist. Die »Jetzt-Dinge« *jetzt* zu tun, bleibt eines der denkbar schwierigsten Ziele. Wie oft tun wir die »späteren Dinge« jetzt . . . und die »Jetzt-Dinge« später! Und das viele Male, weil wir nicht bestimmt haben, was was ist.

Das zu ändern, wird Disziplin fordern. Eine harte Sache, geistige Entschlossenheit, »nein« zu sagen, wenn unsere Gefühle um »ja« bitten. Wir sind wieder bei unserem Verstand. Es ist eine Angelegenheit der Entscheidung unseres Verstandes.

Was sollen wir nun tun? Ist unsere Zeit von Aktivitäten verplant, die bis später warten könnten . . . falls sie überhaupt nötig sind?

Ich habe die Hoffnung, daß diese Gedanken den Nebel wegfegen und Ihnen dazu helfen werden, das Jetzt vom Später zu unterscheiden. Und wenn Sie das getan haben, demgemäß Prioritäten zu setzen.

Graben nach Silber

»Können Sie etwas sehen?«

Was für eine Frage! Howard Carters Mund und Augen waren weit offen, als sein Gehilfe so fragte. Sein Kopf steckte in einem zeitlosen Grab. Schweißtropfen standen auf der Stirn des britischen Archäologen. Sechs lange Jahre hatte er bereits gegraben. Endlose Gräben. Tonnen von Schutt. Ungeheure Klötze wertloser Trümmer. Nichts!

Es war im Jahr 1922. Mehr als Jahrhunderte hatten Archäologen, Touristen und Grabräuber nach den Grabstätten der ägyptischen Pharaonen gesucht. Man glaubte, daß nichts unzerstört geblieben war. Besonders im Tal der Könige, wo die Monarchen des Altertums seit mehr als einem halben Jahrtausend begraben waren. Weil niemand meinte, daß da noch etwas zu entdecken sei, führte Carter sein Vorhaben, das er privat finanzierte, lediglich mit ein paar Beweisstückchen durch, die ihn weitermachen ließen. Irgendwo . . . irgendwie . . ., er war überzeugt, war noch ein unentdecktes Grab. Zweimal während seines sechsjährigen Suchens war er in einem Bereich von knapp 2 Metern von der ersten Steinstufe angelangt, die zur Grabkammer führte.

Endlich – Ich hab's!

Kannst du etwas sehen?

Das klang ähnlich, wie der Pilot Michael Collins am 20. Juli 1969 Armstrong und Aldrin fragte: »Fühlst du etwas?«, als der Mondnebel bauschige weiße Wolken um ihre Raumfähre bildete.

In die stille Dunkelheit spähend, sah Howard Carter, was kein moderner Mensch vor ihm je gesehen hatte. Hölzerne Tiere, Statuen, Truhen, vergoldete Wagen, geschnitzte Cobras, Salbendosen, Vasen, Dolche, Juwelen, einen Thron, die hölzerne Figur der Göttin Selket . . . und den handgeschnitzten Sarg eines Teenagerkönigs. Mit seinen eigenen Worten, er sah »fremdartige Tiere, Statuen und Götter – überall das Glitzern von Gold«. Es war das unbezahlbare Grab und der Schatz des Königs Tut-ench-Amun, die aufregendste archäologische Entdeckung der Welt. Die mehr als 3 000 Objekte zusammen kosteten Carter ungefähr zehn Jahre, sie fortzuräumen, zu katalogisieren und zu restaurieren. »Ausgezeichnet!« »Unglaublich!« »Enorm!« »Herrlich!« »Ahhh!« muß Dutzende von Malen über seine Lippen gekommen sein, als er zum erstenmal seinen Weg durch diese altägyptische Grabkammer machte.

Es gibt nur wenige Freuden, die der Freude einer plötzlichen Entdeckung gleichkommen. Da ist aller Schmerz vergessen und auch die Kosten des Suchens, die Unbequemlichkeiten, die Stunden, die Opfer, die Strapazen. Nichts anderes scheint auch nur halb so wichtig. Hingegeben an den Schauer des Augenblicks, genießen wir den unaussprechlichen Fund – wie ein kleines Kind, das einen Schmetterling beobachtet.

Solche Entdeckungen haben viele Gesichter . . .

- die Antwort auf einen langen Konflikt
- Einsicht in Ihre eigene Entscheidung
- Erkenntnis des »Warums« hinter einer Angst
- genau den richtigen Ausdruck zur Beschreibung eines Gefühls
- der Grund, warum Ihr Magen bei bestimmten Situationen reagiert
- den »Schwarm« Ihres Kindes kennenzulernen
- eine Technik, die Zeit und Energie spart
- eine einfache Art und Weise, etwas Kompliziertes zu erfassen

- diejenigen zu motivieren, die unter Ihrer Leitung arbeiten
- Erlösung zu finden von begangener Schuld

Salomo spricht von der größten Entdeckung überhaupt. Er faßt sie in Worte, die die Aktivität eines Mannes wie Howard Carter beschreibt – nur, daß er nicht nach König Tut sucht. Hören Sie zu:

Mein Sohn, wenn du meine Rede annimmst und meine Gebote behältst, so daß dein Ohr auf Weisheit achthat, und du dein Herz der Einsicht zuneigst; ja, wenn du nach Vernunft rufst und deine Stimme nach Einsicht erhebst; wenn du sie suchst wie Silber und nach ihr forschest wie nach Schätzen: dann wirst du die Furcht des Herrn verstehen und die Erkenntnis Gottes finden (Spr. 2, 1–5).

Reden Sie von einer Entdeckung! In der Schrift verborgen sind unbezahlbare Wortgewölbe. Still. Schwer zu finden. Leicht zu verpassen, wenn Sie in Eile sind. Aber sie sind da und warten auf Entdeckung. Gottes Wort liegt bereit wie eine ganz tiefe Fundgrube, um seine Schätze herzugeben.
Können Sie etwas sehen?

Entschuldigungen anbringen

Es soll zwar keine Beleidigung sein, aber einige von Ihnen sind nicht befugt, dies hier zu lesen. Normalerweise beschränke ich mich nicht auf eine bestimmte Gruppe von Menschen. Aber jetzt muß ich es. Diesmal sind sie nur für Christen. Alles, was ich bis zum Ende dieses Artikels schreibe über Entschuldigungen, ist ganz strikt nur für den an Christus Gläubigen. Wenn Sie noch

nicht soweit sind, können Sie dieses Kapitel überschlagen, weil Ihnen ein Hauptbestandteil fehlt: die Kraft Gottes. Nichtchristen sind ganz einfach unfähig, den Pfad des Gerechten zu wählen. Diese göttliche Linie, die der Christ ziehen kann und muß, steht dem Nichtchristen nicht zur Verfügung. Das ist so, bis ein persönlicher Glaube an Jesus Christus zum Ausdruck gebracht wird. Es ist eine von Jetzt-, nicht-Später-, Entscheidungen, die nur auf Gläubige begrenzt sind.
Nun denn, wenn Sie den Herrn kennen, sind Sie Empfänger einer unbegrenzten Fähigkeit . . . einer unglaublichen Kraft. Lesen Sie nur ein paar bekannte Zeilen aus dem Buch aller Bücher, zur Abwechslung einmal langsam:

Ich vermag alles durch den, der mich mächtig macht, Christus (Phil. 4, 13).
»Laß dir an meiner Gnade genügen, denn meine Kraft ist in den Schwachen mächtig.« Darum will ich mich am allerliebsten rühmen meiner Schwachheit, auf daß die Kraft Christi bei mir wohne (2. Kor. 12, 9).
Derhalben beuge ich meine Knie vor dem Vater . . ., daß er euch Kraft gebe nach dem Reichtum seiner Herrlichkeit, stark zu werden durch seinen Geist an dem inwendigen Menschen (Eph. 3, 14. 16).
Durch sie sind uns die teuren und allergrößten Verheißungen geschenkt, auf daß ihr dadurch teilhaftig werdet der göttlichen Natur . . . (2. Petr. 1, 4).

Und noch eins:

Es hat euch noch keine denn menschliche Versuchung betroffen. Aber Gott ist getreu, der euch nicht läßt versu-

chen über euer Vermögen, sondern macht, daß die Versuchung so ein Ende gewinne, daß ihr's könnet ertragen (1. Kor. 10, 13).

Warten Sie jetzt einen Augenblick. Haben Sie jedes Wort gelesen – oder haben Sie eine oder zwei Zeilen übersprungen? Wenn es so ist, dann fangen Sie bitte noch einmal an und gehen Sie diese fünf Aussagen ganz langsam durch, die für Sie geschrieben sind, einen Christen. Das ist wirklich wichtig.

Okay, welcher Gedanke sticht am meisten hervor? Wenn mir jemand diese Frage stellte, müßte ich sagen: »Besondere Kraft oder eine ungewöhnliche Fähigkeit von Gott.« In diesen Versen wird sie verschieden genannt: Kraft, Macht, göttliche Natur, Vermögen. Gott hat irgendwie etwas Besonderes in den Christen hineingelegt, ein besonderes inneres Kraftreservoir. Wenn es in Kraft tritt, werden phänomenale Erfolge erzielt, manchmal sogar wunderbare.

Lassen Sie uns spezifisch werden.

Das ganze schrumpft zusammen auf die Wahl von zwei geläufigen Worten in unserem Vokabular. Kleine Worte, und doch so unterschiedlich! »Kann nicht« und »will nicht«. Christen haben es nötig, sehr vorsichtig zu sein, welches sie davon wählen. Es scheint so, daß wir das »kann nicht« bevorzugen.

> »Ich *kann* einfach *nicht* klarkommen mit meiner Frau.«
>
> »Mein Mann und ich, wir *können nicht* miteinander reden.«
>
> »Ich *kann* die Kinder *nicht* so erziehen, wie ich möchte.«
>
> »Ich *kann* das Verhältnis *nicht* aufgeben, das ich habe.«

»Ich *kann nicht* aufhören, zu viel zu essen.«
»Ich *kann* die Zeit zum Beten *nicht* finden.«
»Ich *kann nicht* aufhören zu klatschen.«

Nein, jeder Christ, der jene fünf Verse, die wir soeben betrachtet haben, wirklich für sich nimmt – und es gibt Dutzende mehr – wird bekennen müssen, daß die beiden Worte in Wirklichkeit »will nicht« sein müßten. Warum? Weil uns die Kraft gegeben wurde, die Fähigkeit, zu überwinden. Buchstäblich! Und darin liegt Hoffnung zum Lichten der Anker, die uns sonst im Dreck und Schlamm von Beschuldigung und Selbstmitlied festhalten würden.
Ein bedeutender Psychiater sagte:

> »Als Psychiater zucken wir immer zusammen, wenn an Christus gläubige Patienten die Worte ›kann nicht‹ gebrauchen . . . Jeder gute Psychiater weiß, daß ›ich kann nicht‹ und ›ich hab's versucht‹ bloß lahme Entschuldigungen sind. Wir bestehen darauf, daß unsere Patienten ehrlich mit sich selbst sind und die Worte gebrauchen, die die Realität der Situation zum Ausdruck bringen. So haben wir das ›kann nicht‹ unserer Patienten in ein ›will nicht‹ verwandelt . . .«

Wenn jemand all seine *kann nichts* in *will nichts* verwandelt, hört er damit auf, die Wahrheit zu umgehen, dann hat er genug davon, sich selbst zu betrügen, und er beginnt, in der Realität zu leben . . .

»Ich *will* einfach *nicht* klarkommen mit meiner Frau.«
»Mein Mann und ich, wir *wollen nicht* miteinander reden.«
»Ich *will* die Kinder *nicht* so erziehen, wie ich sollte.«

»Ich *will* das Verhältnis *nicht* aufgeben, das ich habe.«

»Ich *will nicht* aufhören, zu viel zu essen.«

»Ich *will* die Zeit zum Beten *nicht* finden.«

»Ich *will nicht* aufhören zu klatschen.«

Nichtchristen haben alles Recht und allen Grund, das »Kann nicht« zu gebrauchen, denn sie können wirklich nicht! Sie sind Opfer, gefangen und gebunden, wie Sklaven in einem grimmigen und endlosen Kampf. Ohne Christus und seine Kraft fehlt ihnen das, das fortdauernd verwandelt. Sie tun's nicht, weil sie es nicht können! Das ist eine Tatsache . . . eine gültige Entschuldigung.

Aber Menschen wie wir? Ja, lassen Sie uns der Wahrheit ins Gesicht sehen, wir tun's nicht, weil wir es nicht wollen . . . wir gehorchen nicht, weil wir es so wollen, nicht weil wir es müssen . . . weil wir uns so entscheiden, nicht weil wir dazu gezwungen werden. Je eher wir bereit sind, unsere Verantwortung ganz realistisch zu übernehmen und damit aufhören, das Tadelspiel in Mitleid für uns selbst ausgehen zu lassen, desto mehr werden wir es lernen und es ändern, und desto weniger werden wir uns verletzen und beschuldigen.

Ich wünschte, ich könnte einen weniger offensiven Weg finden, dies alles von mir zu geben, aber ich kann nicht.

Loslassen

In ihrem feinen Buch *Splinters in My Pride* (Splitter in meinem Stolz) reflektiert Marilee Zdenek unsere tiefsten Empfindungen, die man so schlecht in den Griff bekommt. Und so wie der Anblick, Klang und Duft verschiedener Jahreszeiten nostalgisches Verlangen weckt, so erging es mir beim Lesen:

Es war hart, dich gehen zu lassen:
zu sehen, wie das Frausein sich nach dir ausstreckte
und dich ergriff,
lange bevor das Bemuttern getan war.
Aber wenn Gott auf Mütter hörte und nachgäbe,
würde dann die Zeit für das Loslassen der Töchter
jemals kommen?

Es war hart, als du fortgingst –
denn wer war ich, ermessen zu können,
daß das Gehenlassen bedeutet, dich wieder heimkommen zu sehen,
um dir in einer neuen Art und Weise zu begegnen,
von Frau zu Frau –
von Freundin zu Freundin.

Gehen lassen.
Loslassen.
Freigeben.
Als Menschen, die besser sind im Ersticken als im Lieben, werden wir bereits bei dem Gedanken unseren Würgegriff zu lösen, umgeworfen; denn das Freigeben bringt den Schrecken des Risikos und verursacht die Panik des Lösezwangs. Trennung kann nicht geschehen ohne inneres Bluten. Das feige Herz fürchtet, sein geschätztes Spielzeug weggeben zu müssen, selbst wenn es gelegentlich »Auf Wiedersehen« sagte.
Experten sagen uns, unsere erste Reaktion sei Verweigerung: »Nein!« In einem ziemlich umfangreichen, psychosomatischen Forschungsprojekt lernte ich, daß die meisten von uns mit einer vollen Ladung von 300 »Lebensveränderungs-Einheiten« in einem Zeitraum von 12 Monaten ohne die Möglichkeit ernsthafter Rückwirkungen nicht fertig werden können. Interessanterweise ran-

gierten unter den Streßerfahrungen der Verlust eines Ehepartners (100), Verlust einer Ehe (73) und der Verlust eines nahen Familienmitglieds (63) an der Spitze. Es ist hart, gehen lassen zu müssen. Loslassen vergrößert unseren Streß.

Wie das Aufgeben eines Traumes, oder einem Kind Raum zur Entwicklung zu geben; oder einem Freund einfach die Freiheit zu geben. Welche Reife erfordert das! Was für ein Test unserer Unsicherheit! Die Autorin hat ganz recht:

. . . wenn Gott auf Mütter hörte . . .
würde dann die Zeit für das Loslassen . . . jemals kommen?

Gott sei Dank. Er tut es nicht.

Wir sind oft gehemmt, unsere Schätze aufzugeben, aus Angst um ihre Sicherheit. Aber bedenken Sie, alles ist in Sicherheit, was unserem Gott anvertraut ist. Andererseits, nichts ist richtig in Sicherheit, was nicht so anvertraut ist. Kein Kind. Kein Job. Keine Romanze. Kein Freund. Keine Zukunft. Kein Traum.

Sie brauchen einige Beweise? Überprüfen Sie Abraham mit seinem fast erwachsenen Sohn Isaak, 1. Mose 22. Des alten Mannes ganze Freude lag in diesem Jungen. Das Verhältnis aber konnte sehr wohl ans Gefährliche grenzen . . . wenn der Vater nicht zur Freigabe des Sohnes bereit wäre. Doch es war genau zum rechten Zeitpunkt, daß die Pädagogik Jahwes den Patriarchen eine Grundlektion des Lebens lehrte:

»Nimm Isaak, deinen einzigen Sohn, den du liebhast, und geh hin in das Land Morija und opfere ihn dort zum Brandopfer . . .« (1. Mose 22, 2).

Es war Zeit, ihn loszulassen. Abraham hätte anfangen können zu bitten oder zu handeln oder zu manipulieren, aber das hätte den Allmächtigen nicht veranlaßt, einen anderen Weg zu wählen. Nein – Abraham mußte seine Hände öffnen und auf jenem altertümlichen Altar das eine hingeben, was den Sohn Gottes in seinem Herzen verdunkelte. Es schmerzte grausam . . . über alles Denken hinaus. Aber es war wirkungsvoll.

Je größer der Besitzanspruch, um so größer der Schmerz. Der alte Geizhals in uns wird niemals still liegenbleiben und auf unser Flüstern hin gehorsam sterben. Er muß herausgezogen werden wie eine zypressenartige Wurzel. Er muß unter Schmerzen entfernt werden und bluten wie ein Backenzahn. Und für uns wird es nötig sein, uns zu wappnen gegen sein klägliches Betteln und es als Echo zu vernehmen, in der leeren Kammer unseres Selbstmitleids, eine der verborgensten Sünden des menschlichen Herzens.

Was ist es, das Gott von mir möchte?

Alles loszulassen, daß er ohne einen Rivalen regieren kann. Ohne Bedrohungen seines Throns. Und mit gerade so vielen Splittern in meinem Stolz, daß meine Hände offen gehalten werden und mein Herz warm bleibt.

Entschlossen handeln

»Darum ehrt und achtet den Herrn«, fuhr Josua fort, »folgt ihm mit ganzer Treue und Aufrichtigkeit. Trennt euch von den Göttern, die eure Vorfahren jenseits des Eufrats und in Ägypten verehrt haben, und gehorcht dem Herrn! Wenn ihr dazu nicht bereit seid, dann entscheidet euch heute, wem ihr sonst dienen wollt: den Göttern, die

eure Vorfahren verehrt haben, oder den Göttern der Amoriter, in deren Land ihr jetzt lebt. Ich und meine Familie aber sind entschlossen, dem Herrn zu dienen«. (Jos. 24, 14–15; aus: Die Gute Nachricht).

Ich mag Josuas Stil. Wie ein guter Leiter, so legte er die Fakten dar. Er ermahnte seine Leute, sich nicht träge am Rand aufzuhalten, sondern zum gemeinsamen geistlichen Handeln zu kommen. Er machte Mut zu persönlicher Glaubwürdigkeit und zu fester Verpflichtung. Dabei verfiel er nicht auf Tricks oder Einschüchterungen, um zu seinem Ziel zu kommen. Er riskierte es, ignoriert und abgelehnt zu werden, als er ihnen die endgültige Entscheidung überließ. Er respektierte ihr Recht, entweder seinem Rat zu folgen oder wegzugehen: »Entscheidet euch!« Aber es gab niemals auch nur irgendeine Frage darüber, wo er stand. Er hatte den Ist-Zustand abgewogen, die Alternativen betrachtet und war zu einer festen Überzeugung gekommen – er und seine Familie wollen Gott dem Herrn dienen. Darüber bestand kein Zweifel. Aber was andere tun würden, das war ganz und gar ihre Sache. Sie würden für sich selbst entscheiden müssen.
Eine ungewöhnliche Kombination. Ein starker Führertyp, der wußte, wohin er ging, der aber anderen den Raum gab, den sie brauchten, für sich selbst zu entscheiden. Keine Drohungen. Keine Namensliste. Kein öffentliches Herunterputzen. Keine Auswertung oder Manipulation oder Demütigung. Er spielte weder mit ihren Emotionen noch griff er ihre angebliche Unwisssenheit an oder gebrauchte einige Tricks. Er wußte, was Gott von *ihm* wollte, und er sah die Konsequenzen ihrer Wahl, aber es war nötig für sie, diesen Ausgang selbst abzuwägen. Es mußte *ihre* Entscheidung sein, nicht seine. An

diesem Punkt trat er zurück und sagte: »Nun entscheidet *ihr.«*

Das ist nicht nur clever, es ist der Beweis von zwei bewundernswerten Tugenden: eigene Sicherheit und Achtung vor anderen. Heute ist es für uns alle klar, daß Josua damals die richtige Entscheidung traf. Aus unserer objektiven Perspektive heraus wählte er die richtige Alternative . . . wie die andern es später auch taten. Aber sie zu drängen, sich für seine Position zu entscheiden, ohne ihr eigenes Ringen, das hätte das ganze in einer oberflächlichen und ziemlich zerbrechlichen Entscheidung enden lassen, die unter der Hitze der Schwierigkeiten dahingeschmolzen wäre.

Nichtsdestoweniger wird es immer solche geben, die möchten, daß andere ihre Entscheidungen treffen. Viele Christen halten ständig Ausschau nach irgend einem evangelikalen Guru oder einem Superstar-Pastor oder einer Ökologie-Autoritätsfigur, der sie ihr Leben anvertrauen können. So wie ich es treffend in einer Zeitschrift las:

> Wir möchten Helden! Wir möchten eine Rückversicherung, daß irgend jemand weiß, was in dieser verrückten Welt vor sich geht. Wir möchten einen Vater oder eine Mutter zum Anlehnen. Wir möchten revolutionierende Volkshelden, die uns bis zur Begeisterung sagen, was zu tun ist. Wir massieren das Ich dieser Demagogen und sprechen jede ihrer Meinungen heilig.

Es braucht die in Schranken haltende Kraft des Heiligen Geistes, solchen versuchenden Einladungen zum Beherrschen zu widerstehen. Es ist hilfreich, sich daran zu erinnern, daß jedesmal, wenn wir uns diesem destruktiven Wunsch nach einer Macht ausliefern, das Wachstum zur Reife verzögert wird. Jemandem zur eigenen

Entscheidung zu verhelfen, das entwickelt gesunde geistige Muskeln. Aber, ich wiederhole, es werden immer ein paar da sein, die darum flehen, daß ihnen gesagt wird, was sie tun sollen. Es sind die, die so unentschieden sind, daß sie sogar nach ihrer Lieblingsfarbe fragen.
Ein Hauptgrund, warum einige es vorziehen, unentschieden zu sein, ist Faulheit. Entscheidungen zu treffen, ist harte Arbeit. Peter Drucker ist korrekt, wenn er sagt:

> Eine Entscheidung ist ein Urteil. Es ist eine Wahl zwischen Alternativen. Es ist selten eine Wahl zwischen richtig und falsch. Es ist bestenfalls eine Wahl zwischen »fast richtig« und »wahrscheinlich falsch« – aber viel öfter eine Wahl zwischen zwei Handlungsweisen, von denen keine der richtigen wahrscheinlich näher kommt als die andere.

Das mag wie ein Zungenbrecher klingen, aber in Wirklichkeit ist es ein Geist-Aufrüttler, der einen schmerzlichen, anspruchsvollen Prozeß fordert, der für viele selten ist, genannt *Denken.*
Wieviel einfacher ist es, eine Liste zu übernehmen, um die Antworten eins, zwei, drei, vier, fünf abzuhaken. Man braucht nicht zu denken. Alles, was man tun muß, ist, den Instruktionen zu folgen. Man braucht die Konsequenzen nicht abzuwägen. Nicht die Details auszuschwitzen. Tun Sie nur das, was Ihnen gesagt wird, und überlassen Sie das weitere »uns«, nämlich ein paar Kerlen an der Spitze. Durchdenken Sie es nicht und entscheiden Sie nicht . . . willigen Sie nur ein.
Wenn das die Art ist, die Sie vorziehen, dann möchte ich Sie an zwei Wörter erinnern, nur zwei Wörter – Watergate und Jonestown, an denen Tragödien kleben.
Entschiedenheit wurde bei beiden mit blindem Gehorsam, nicht hinterfragter Autorität und absoluter Treue ersetzt. Irgend jemand überzeugte irgendwie irgend-

wann jede dieser Truppen. Die Parole war eindeutig: »Sie haben nichts zu erwidern. Sie haben das Warum nicht zu ergründen. Sie haben es nur zu tun und zu sterben.«
Es gibt Momente für diese Philosophie im Militärdienst, wenn es keine Zeit gibt zum Einhalten und zum Nachdenken. Das Gespräch miteinander ist nicht mehr möglich im Kampf, wenn es ums Überleben geht.
Aber im täglichen Leben, wenn die Einzelheiten der Schrift nicht klar buchstabiert sind, wenn es eine Menge grau gibt, anstelle von schwarz und weiß, dann haben wir es nötig, von Moses reifem Nachfolger eine Lektion zu lernen.
Denken Sie weise. Wägen Sie die Alternativen ab. Wählen Sie für sich selbst. *Sie* entscheiden. Jetzt.

Fernsehdroge ausstöpseln

Ein faszinierendes Experiment über die Sucht wurde kürzlich in einer Ausgabe eines guten Haushaltsmagazins berichtet. Keine Drogensucht, Alkoholsucht, Tabak- oder Bonbonsucht. Es ging um die Fernsehsucht.
Eine Detroiter Zeitung machte 120 Familien in der Stadt ein Angebot. Den Familien wurden je 500 Dollar versprochen, wenn sie einwilligten, einen Monat lang nicht fernzusehen. Das ist wahr – 500 Dollar, wenn sie für nur 30 Tage die Röhre abgeschaltet ließen. Raten Sie, wie viele das Angebot ablehnten.
Dreiundneunzig.
Von den 27 Familien, die ja sagten, beobachtete man fünf und berichtete über sie in dem Artikel des Magazins. Es war wirklich eine Umstellung für sie. Jede Familie

hatte ungefähr 40 bis 70 Stunden in der Woche ferngesehen, das sind zwischen 5,7 bis 10 Stunden pro Tag. Bedenken Sie, jeden Tag in jeder Woche waren die eintönigen Klänge und elektronischen Bilder beständiger Teil jener Haushalte – stundenlang, jahrein, jahraus.

Ernsthafte Schmerzen begleiteten den plötzlichen Entzug der eingestöpselten Droge. Bemerkenswerte Dinge passierten, einige fast bizarre, wie die Dame, die anfing, mit der Katze zu sprechen, oder das Ehepaar, das damit aufhörte, nervös durch die Wohnung zu hasten.

Aber es passierte auch einiges wirklich Gute. Bücher, staubig vom Vernachlässigen, wurden vom Regal genommen und gelesen. Familien spielten miteinander, stellten das Radio an und genossen es, Schallplatten miteinander zu hören. In einer anderen Familie verbrachten zwei kleine Kinder Zeit damit, die Buchstaben ihrer Namen zu lernen und sie anzuwenden.

Wunder über Wunder, etliche berichteten tatsächlich, daß ihre Kinder am Abend anstandslos in die Badewanne gingen. Und einige waren sogar bereit, Klavier zu üben.

Die Ergebnisse? Ja, die »Kein-Fernsehmonat«-Familien mußten schließlich vier Tatsachen zugeben:

1. Ihre Familienmitglieder waren sich näher gekommen.
2. Zwischen Eltern und Kindern fand mehr Blickkontakt statt.
3. Ein Wachsen der Geduld mit den Familienmitgliedern war zu bemerken.
4. Die Kreativität wurde gesteigert.

Am liebsten würde ich noch mehr positive Ergebnisse berichten, aber ich muß mehr aufrichtig sein als sehnsüchtig, daß das Fernsehen im Laufe der Zeit besiegt wurde. Alle fünf Familien kehrten nämlich zu ihrer Sucht zurück, und zwar zu fast derselben Stundenzahl wie vorher. Einige sogar zu mehr.

Es ist nicht das Fernsehen, das mich stört. Nein, es ist mehr, daß es das Kleinste sein kann, das uns verdreht. Es ist der Mißbrauch, der mich quält – die lähmende Sucht, die die menschliche Kreativität erstickt und persönliche Beziehungen verkümmern läßt. Ich stimme mit dem Bericht überein, der vor ein paar Jahren in einer christlichen Zeitschrift gegeben wurde:

> Die Hauptgefahr der Bildröhre liegt nicht so sehr in dem Verhalten, das sie produziert, wie in dem Verhalten, das sie verhindert.

Das Anschalten des Fernsehens kann den Prozeß abschalten, der Kinder zu Erwachsenen formt . . . und Verlegenheitsgucker in denkende, achtsame Menschen.

Eine beachtenswerte Autorität erklärt, daß Kinder, die mit dem Fernsehen aufgewachsen sind, ohne offensichtliche Zeichen einer Neigung zu überragender Intelligenz in ihr Erwachsenendasein gehen. Es gibt anscheinend keine besondere Inanspruchnahme des Gehirns, aber es gibt ein paar Eigentümlichkeiten, die bedenklich stimmen:

> Entwicklung einer Kommunikation in nahezu nonverbaler Sprache (»wie der . . . hm . . . weißt du . . . hm . . .«).
>
> Viel weniger Spontaneität und weniger Vorstellungsbegriffe bei jungen Erwachsenen.
>
> Eine intensive, beinahe irrationale Abhängigkeit von rhythmischer Musik.
>
> Die allzeit gegenwärtige Drogenszene.
>
> Größeres Interesse an passiven Erlebnissen als an solchen, die geistig fordern und aktives Engagement verlangen.

O ja, laßt uns etwas dagegen tun! Es ist ein harter, mühsamer Kampf, aber er ist nicht ohne Siegeschancen. Von der Sucht wegzukommen, ist immer schwer. In der Tat beginnt es mit dem korrekten Gebrauch von zwei der kleinsten Dinge Ihres Haushalts, mit dem An/Aus-Knopf an Ihrem Gerät und dem kleinen aber mächtigen Wort »nein«. Und nun schauen Sie sich nicht nach weiterer Unterstützung um. Sie werden Ihre eigene Philosophie heraushämmern müssen, eine, die zu Ihnen und Ihrer Familie paßt. Aber tun Sie bald etwas, aus Sicherheit. Lassen Sie uns diese Worte ernst nehmen:

Richtet eure Gedanken auf das, was gut ist und Lob verdient, was wahr, edel, gerecht, rein, liebenswert und schön ist.

Paulus an die Christen des 20. Jahrhunderts
(Phil. 4, 8; Die Gute Nachricht)

Glauben Sie mir, der Segen, den Sie am Ende genießen werden, ist viel mehr wert als 10000 DM, und er wird bestimmt viel länger anhalten.
Zur Ermunterung schalten Sie die eingeschaltete Droge aus. Tun Sie es jetzt. Nicht später.

Mit Enttäuschung zurechtkommen

Der Prophet war am Ende, buchstäblich. Überwältigt von Enttäuschung und erstickt in Verzweiflung, verfluchte er den Tag, an dem er geboren wurde, und fragte sich, warum keine Fehlgeburt stattgefunden hatte, die ihn vor seiner Geburt getötet hätte.
Er schrie:

Warum bin ich doch aus dem Mutterleib hervorgekommen, wenn ich nur Jammer und Herzeleid sehen muß und meine Tage in Schmach zubringe! (Jer. 20, 18).

Eine Übertreibung? Nicht direkt. Lesen Sie selbst den Bericht. Jeremias Tagebuch hält nichts zurück. In Kapitel 20 lesen wir, daß ihn der Chefbeamte des Tempels geschlagen hatte (40 Schläge), dann legte er ihn in den Stock. Das bedeutet, seine Füße, Hände und sein Nakken waren fest in eine Folteranlage gezwängt, was den Körper beinahe in eine doppelte Krümmung brachte. Und das passierte, nachdem er geschlagen worden war! Warum? Hatte er ein Verbrechen begangen? Nein. Er hatte ganz einfach die Wahrheit verkündet. Er hatte getan, was recht war – und das erhielt er nun dafür zurück. Es schmerzte ihn tief.

Als Krönung von alledem ging noch ein sarkastisches Flüstern umher. Seine ehemals treuen Freunde hängten ihm einen Spitznamen an – *Magor-Missabib* – was »Entsetzen auf allen Seiten« bedeutet. Auch das tut weh. Er muß sich gefühlt haben wie eine schlappe, selbstgenähte Puppe im Maul eines knurrenden Dobermans.

Seine Gebete waren durchzogen von Einsamkeit und deutlichen Anklagen:

Herr, du hast mich überredet, und ich habe mich überreden lassen. Du bist mir zu stark gewesen und hast gewonnen; aber ich bin darüber zum Spott geworden täglich, und jedermann verlacht mich . . . Denn des Herrn Wort ist mir zu Hohn und Spott geworden täglich (Jer. 20, 7. 8).

Der Mann steckt in Seelenqualen. Prophet oder nicht, er kämpft mit der Gerechtigkeit Gottes, mit dessen fremdartiger Behandlung. Tief drinnen hinterfragt er seine Gegenwart. »Wer ist er? Warum hat sich Jahwe zu einer Zeit zurückgezogen, in der ich ihn am meisten brauche?«

Der alte Mann Gottes ist nicht allein mit derartigen Gefühlen. Wer hat sich nicht schon mit ähnlichen Fragen und Zweifeln herumgeschlagen? Etliche bringen sie lebendiger zum Ausdruck als Elie Wiesel in dem mehr markanten, knappen Abschnitt seines Buches »Nacht«. Wiesel, ein Jude, verbrachte seine Teenagerjahre in einem Nazilager in Birkenau. Seine jungen Augen zeugen von Tragödien, die zu schrecklich sind, um sie zu wiederholen. Was es ihn gekostet hat, ist beschrieben in dem Vorwort des französischen Nobelpreisträgers und Autors Francois Mauriac:

> Für ihn (Wiesel) drückte Nietzsches Schrei eine beinahe physische Realität aus: Gott ist tot, der Gott der Liebe, der Freundlichkeit, des Trostes . . . hat sich für immer zurückgezogen . . . Und wie viele fromme Juden haben diesen Tod erlebt. An so einem Tag, an einem schrecklichen selbst unter den Tagen des Schreckens, als ein Kind beobachtete, wie ein anderes gehängt wurde, das, so sagt er uns, das Antlitz eines traurigen Engels hatte, da hörte er jemanden hinter sich flüstern: ›Wo ist Gott? Wo ist er? Wo kann er sein, jetzt?‹

Welche Verzweiflung!

Und man muß nicht in einem Konzentrationslager sein, um derartige Gedanken zu haben. Oder in einem Stock gekrümmt, mit Ruten geschlagen. Nein, manchmal kommen sie in dem langen, dunklen Tunnel des Leidens, wenn der Schmerz einfach nicht vergehen will. Oder wenn ein Ehepartner, der versprochen hatte, »in Freud und Leid« zu bleiben, sein Gelübde bricht. Oder wenn ein langer, begehrter Traum in Rauch vergeht. Oder wenn wir einem geliebten Menschen zum letzten Mal den Abschiedskuß geben.

Nicht immer . . . aber manches Mal – gewöhnlich unausgesprochen und verborgen in den geheimen Gewölben unserer Sinne – hinterfragen wir Jahwes Gerechtigkeit. Wir fragen: »Ist er heute abwesend?« Ich kann persönlich nicht so weit gehen, Jeremia zu schelten. Der Himmel über ihm erschien ihm wie Blei. Die Passivität seines Herrn enttäuschte ihn. Das Schweigen Gottes war mehr, als er ertragen konnte. Es gibt solche Zeiten. Ich bekenne offen, daß ich mich auch darüber wundere, daß er gewisse Dinge zuläßt, die sein Handeln doch herausfordern müßten. In solchen Zeiten bin ich versucht, das zu sagen, was der Prophet sagte:

»Ich will nicht mehr an ihn denken und nicht mehr in seinem Namen predigen« (20, 9 a).

Das ist es! Ich werfe meinen Kopf in den Nacken. Keine Ansprachen und Andachten mehr als Verkündiger. Einen Job säkularer Art wählen. Aber gerade in solchen Zeiten fange ich an, aufzuspringen. Ich erfahre, was Jeremia zugab:

»Aber es ward in meinem Herzen wie ein brennendes Feuer, in meinen Gebeinen verschlossen, daß ich's nicht ertragen konnte; ich wäre schier vergangen« (20, 9 b).

Direkt von Gott geschickt ist diese mächtige Woge der Hoffnung, dieses reinigende Feuer der Zuversicht, dieses erneuernde Gefühl der Entschlossenheit, das in mir anschwillt. Und die Enttäuschung wird von seiner wiederholten Zusicherung still ersetzt, wenn er mich an die großartige Steigerung erinnert, an das Lied, das ich ihm oft in voller Lautstärke singe:

»Alles gut, alles gut!«

Gott sei Dank, so ist es – trotz allem! Vor kurzem bezweifelte ich es – wie Jeremia. Heute jedoch nicht. Die Gewißheit ist zurückgekehrt. Die göttliche Perspektive hat eine frische Brise der Hoffnung verbreitet. Ich habe beschlossen, daß die Enttäuschung weichen muß. Jetzt . . . nicht später.

Wie der alte *Magor-Missabib,* ich gebe nicht auf! Gott hat die Bleiplatte über mir durchbrochen. Mit hörbarer Stimme antworten seine Engel: »Alles gut, alles gut!«

Zeit nehmen

Vier Wörter sind es, die über das Instrumentenbrett des Rennbootes geschmiert sind, das an der Golfküste Alabamas festgemacht ist. Sie spiegeln Erfolg und Flair seines Besitzers wider, dessen schnelles Leben in Amerika oft in den Sportnachrichten publiziert wird. Außerhalb der Saison gleicht der linkshändige Rennfahrer im Golf von Mexiko mehr einem hilflosen, nichtstuenden Dahintreiber, mit seinem Stoppelbart, ungekämmtem Haar und unruhigen Augen. Wenn sein Beruf auch nicht mit seinem Aussehen zusammenpaßt, so tut es sein Spitzname gewiß: *Schlange.* Schnell und zingelnd wie im Sumpf, so kennt sie, wie Ken Stabler auf dem Land, nur eine Geschwindigkeit . . . volle »Pulle«.

Deshalb sollten wir nicht überrascht sein, das unverschämte Schild an seinem Instrumentenbrett zu lesen, das alle Passagiere warnt:

Einsteigen, Hinsetzen, Stillsein, Hängenlassen. Wenn Sie planen, mit ihm eine Fahrt zu machen, dann seien Sie auf ein ununterbrochenes Gebrüll während der Fahrt gefaßt. Irgendwie ist dieses Verlangen in ihm drin, das nicht rauszukriegen ist, abgesehen von dem Lärm des Motors und dem Spritzen der Salzwasserwellen, unter denen sie durchflitzen nach der Melodie von 130 km/Std. und mehr. Wenn Sie einmal eingestiegen sind und sich gesetzt haben, dann haben Sie das bestimmte Gefühl, daß das Stillsein und Hängenlassen ganz natürlich kommt. Wenn Sie sich einmal solch einer Geschwindigkeit ausgeliefert haben, können sie sich in der Tat nur noch ihrem Schicksal hingeben.

Wenn allerdings die Dinge, die uns und denen, die mit uns unterwegs sind, das Leben reich und bedeutungsvoll machen, mehr bedeuten als nur das reine Überleben, dann ist Geschwindigkeit ein schrecklich dünner Draht, daran zu hängen. Mit anderen Worten, wenn wir wirklich Dinge wünschen, auf die man zählen kann, wenn wir aufrichtig nach Tiefe suchen, daß Wirkungen ausgehen, Grundlegendes und Durchhaltendes investieren, um einen kreativen Strahl auf ein anderes Leben zu werfen – Ihres Kindes, eines Freundes oder wessen auch immer –, dann ist es wesentlich, daß wir die Geschwindigkeit zurücknehmen . . . zu bestimmten Zeiten auch völlig anhalten – und denken. Jetzt . . . nicht später. Wagen Sie nicht, das auf einen anderen Tag zu verschieben!

Mein ältester Sohn und ich schnüffelten vor einiger Zeit in einem Geschenklädchen hier am Ort herum. Unsere Augen fielen auf eine Reihe großer Poster, die eingerahmt und zusammen aufgestellt waren. Wir lachten über einige, studierten einige, aber eins wurde unser Lieblingsposter. Es war das Bild eines dunstigen Morgens an einem ruhigen See. In einem kleinen Nachen schauten ein Vater und sein Sohn auf die zwei Korken am Ende ihrer Angelleine. In der Ferne stülpte die Sonne ihren Hut über die Berge. Über der Szene lag Friede, Erquickung. Drei besonnene Wörter unten am Rand vermittelten die passende Botschaft:

Nimm dir Zeit.

In jüngeren Jahren war ich irritiert von der abgedroschenen Melodie, die den altmodisch klingenden Worten William Longstaffs anhaftete:

Take time to be holy, speak oft with thy Lord; . . .
Take time to be holy, the world rushes on . . .
(Nimm dir Zeit, heilig zu sein, sprich oft mit deinem Herrn; . . .
Nimm dir Zeit, heilig zu sein, die Welt eilt weiter . . .)

Fünfundzwanzig Jahre, vier Kinder, viele Meilen und Fehler danach haben diesen Worten ein großes Schwergewicht gegeben. Sie sind wie das Anliegen des Psalmisten in Psalm 46, 11:

»Seid stille und erkennet, daß ich Gott bin . . .

Oder der seelsorgerliche Rat unseres Herrn in Matthäus 11, 28:

»Kommet her zu mir . . . ich will euch erquicken.«

Acht Wörter von David. Acht Wörter der Ruhe von Jesus. Wie konträr sind jene vier panischen Wörter in dem Rennboot!

Ist Ihre ganze Aktivität wirklich so wichtig? Ist es wirklich notwendig, daß Sie sich so schnell bewegen und daß Sie solch eine halsbrecherische Geschwindigkeit fahren? Warum müssen Sie nach so vielen Dingen ja sagen, die mit nein beantwortet werden sollten? Könnte es sein, daß Ihre Geschwindigkeit, Ihr eiliger Lebensstil nichts weiter ist als ein billiges Narkoticum, um den Schmerz eines leeren Lebens zu betäuben? Erfordert *Unsicherheit* solch eine intensive Beschleunigung? Ist es *Schuld,* die

Ihr Boot volle »Pulle« fahren läßt? Vielleicht ist es nur eine Angewohnheit, der Sie verfallen sind, daß Sie Ihre Mahlzeiten herunterschlingen, daß Sie zu viel und zu schnell reden – oftmals gedankenlos –, und daß Sie ganz einfach ihren Terminkalender zu voll geplant haben. All dies steht damit in Verbindung, wie Sie durch Ihren Tag hetzen. Menschen bekommen den bestimmten Eindruck, daß der einzige Weg, Ihnen nahe zu kommen, der ist: Einsteigen, hinsetzen, stillsein und hängenlassen.
Eine unglaubliche Beobachtung im Blick auf Jesus Christus weckte vor einiger Zeit meine Aufmerksamkeit. Nicht einmal berichtet die Bibel, daß er irgendwohin *eilte.* Er war sehr oft unterwegs, aber niemals in einem Wahnsinnsflug. Und doch führte er alles aus, was der Vater von ihm erwartete. Wenn Sie einmal anhalten, um darüber nachzudenken, dann lag doch seine größte Erfüllung in dem Tag, als er die Botschaft der Schlange zum Schweigen brachte.

Es ist Zeit

Ich bin einer, der Bücher über Zeit-Management nur so verschlingt. Einige Leute können nicht nein sagen gegenüber einem Verkäufer an der Tür. Anderen ist es unmöglich, an einem Modegeschäft vorbeizugehen, oder an einem Autohändler vorbeizufahren, ohne zu halten. Wieder anderen ist es beinahe unmöglich, dem Spieldrang zu widerstehen. Ich nicht, meine Schwäche sind Bücher über das Investieren von Zeit, die mir sagen, wie man Beschäftigtsein mit Effektivsein verbinden kann. Wie man Dinge durchdenkt, bevor man sich in sie hineinstürzt. Ich rufe mir oft in Erinnerung, was Bernard Baruch einmal sagte:

> Was ich auch immer an Versagen kenne, welchen Irrtum ich auch immer begangen habe, welche Torheiten im privaten und öffentlichen Leben ich auch immer bekannt habe, sie waren die Konsequenzen eines Handelns ohne zu denken.

Das Gegenmittel für dieses Problem ist von Paulus in Epheser 5, 15–17 bestens beschrieben:

So sehet nun wohl zu, wie ihr wandelt, nicht als Unweise, sondern als Weise, und kaufet die Zeit aus; denn es ist böse Zeit. Darum werdet nicht unverständig, sondern verstehet, was da sei des Herrn Wille.

Es sind Verse wie diese, die immer wieder meine Aufmerksamkeit an sich ziehen. Noch einmal, ich gebe zu, da ist dieser kleine Alarmknopf in meinem System, und der geht los, wenn ich merke, daß das, was ich tue, Energieverschwendung ist, daß es ein Loch in meinem Zeitdeich gibt, das ich vergessen habe zu stopfen. Ohne darüber neurotisch zu werden, so werde ich doch ein bißchen nervös, wenn ich denke, ich sei nicht »zielbewußt«, wenn ich versäume, jede Gelegenheit »auszukaufen«, wie die Schrift es so deutlich befiehlt. Der Vers, der genau vor dem Abschnitt erscheint, den ich zitierte, schiebt einen langen, spitzen Zeigefinger vor die Brust eines jeden Lesers, wenn es da heißt:

»Wache auf, der du schläfst . . .«

Heute würden wir es so sagen: »He, wach auf. Mach dir das klar, Mann!« Es ist das einfachste in der Welt, in einer vagen, gedankenlosen Art und Weise durch das Leben zu treiben. Gott sagt, es gibt einen besseren Weg. Er rät uns, die Zeit beim Schopfe zu fassen, ihr einen guten Händedruck zu geben und zu erklären: »Genau so! Ich werde dich an die Hand nehmen – du wirst es nicht länger mit mir tun!«

Das ist ein Hauptgeheimnis, über unseren Umständen zu leben und nicht unter ihnen. Lassen Sie mich ein paar spezielle Dinge nennen. Einige Leute sind immer spät. Ja, immer! *Pünktlichkeit* ist ganz einfach eine Angelegenheit des Zeitmanagements. Einige arbeiten an jedem Auftrag, den sie anpacken, fieberhaft genau bis zum Toresschluß. Gewöhnlich wird die Arbeit geschafft . . . doch die Hast, Angst und die Panik der letzten Minute stehlen die Freude an der ganzen Sache. *Früh beginnen* und *Schritt halten* sind Zeitmanagementtechniken. Und einige scheinen immer in Eile zu sein, sie drängen und treiben, gelegentlich hierhin und dorthin *rennend,* was wiederum ein anderer Beweis *armseliger Planung ist.* Zeitmanagement schafft Raum für Ruhe und Humor, ein notwendiges Öl, die Reibung zu reduzieren, die durch Bewegung erzeugt wird.

Was uns wieder zurückführt zu dem seelsorgerlichen Rat in Epheser 5. Weise leben, das heißt zielbewußt, würdig, akkurat . . . sensibel sein, intelligent und weise in der Einteilung unserer Zeit.

In einem Buch stieß ich auf eine Liste der populärsten Zeitverschwender. Sie half mir dabei, einige besondere Gebiete der Frustration zu erkennen:

- zu vieles auf einmal versuchen
- unrealistische Zeiteinschätzung
- zögern
- Mangel an speziellen Prioritäten
- versäumen, gut zuzuhören
- selbst tun anstatt zu delegieren

- nicht fähig sein, nein zu sagen
- Perfektionismus – sich auf unnötige Details konzentrieren
- Mangel an Organisation
- fehlende Notizen
- den Beginn hinauszögern
- Mangel an selbstgesetzten Stichtagen
- das erste zuerst tun

Ich will Ihnen die wahre Geschichte von Charles Schwab und Ivy Lee erzählen. Schwab war der 1. Vorsitzende von Bethelehm Stahl. Lee, einem Fachberater, wurde von ihm die Aufgabe gestellt: »Zeigen Sie mir einen Weg, daß ich in meiner Zeit mehr getan bekomme.« Schwab war dafür bereit, »angemessen« zu zahlen, wenn Lees Vorschlag praktikabel sei. Etwas später händigte Lee dem Vorstand ein Blatt Papier mit folgendem Plan aus:

> Schreibe die wichtigsten Aufgaben auf, die du morgen zu tun hast. Nummeriere sie nach der Wichtigkeit. Beginne am Morgen mit Nr. 1 und bleibe dabei, bis sie beendet ist. Überprüfe noch einmal die Prioritäten, beginne dann mit Nr. 2, dann Nr. 3 usf. Mach dies zu einer eisernen Gewohnheit an jedem Arbeitstag. Gib sie weiter an die, die dir untergeben sind. Versuche es so lange, wie du möchtest, und dann schick mir den Scheck für das, was es dir wert ist.

Dieser eine Rat verwandelte Bethlehem Stahl GmbH innerhalb von fünf Jahren zum größten unabhängigen Stahlerzeuger in der Welt.

Wieviel zahlte Schwab seinem Fachberater? Wenige Wochen nachdem er das Briefchen erhalten hatte, sandte er Lee einen Scheck über $ 25000, und er bekannte,

es sei die nutzbringendste Lektion, die er je gelernt habe.
Probieren Sie es selbst. Wenn es funktioniert, großartig. Aber schicken Sie mir kein Geld für diese Idee. Ich würde es nur für ein neues Zeitmanagement-Buch verjubeln . . . für das ich keine Zeit zum Lesen habe.

Beweglich bleiben

Ihr Geist ist ein »Muskel«. Er braucht es, gedehnt zu werden, um kräftig zu bleiben. Er braucht es, angestoßen, ja geschubst zu werden, um etwas zu leisten. Lassen Sie ihn träge und faul werden, dann wird dieser Muskel innerhalb einer unglaublich kurzen Zeitspanne zu einer jämmerlich schlabberigen Masse werden.
Wie können Sie Ihren Geist dehnen? Was gibt es für gute geistige Übungen, die die Spinnweben fernhalten? Ich mache Ihnen drei Vorschläge:
Lesen Sie. Sie mögen zu lahm und zu arm sein, um zu reisen – doch zwischen den Deckeln eines Buches gibt es Gedanken und Erkenntnisse, die auf die Freude der Entdeckung warten. William Tyndale war bereits in den fortgeschrittenen Jahren, als er ins Gefängnis kam. Kurz vor seinem Martyrium schrieb er an den Gouverneur und bat um:

> . . . eine warmere Kappe, eine Kerze, ein Stück Stoff, um meine Gamaschen zu stopfen . . . Vor allem aber bitte und ersuche ich Ihre Milde, um . . . mir zu erlauben, meine hebräische Bibel zu haben, die hebräische Grammatik und das hebräische Wörterbuch, daß ich die Zeit . . . mit Studieren zubringen kann.

Die Kräfte Ihres Auffassungsvermögens werden durch

das Lesen vergrößert. Lesen Sie klug. Lesen Sie umfassend. Lesen Sie langsam, prüfend. Lesen Sie sowohl Historisches als auch Gängiges . . . Zeitschriften und Periodika als auch Klassik und Poesie, Biographien wie auch die täglichen Nachrichten und Andachten.
Sie haben nicht viel Zeit? John Wesley hatte sie auch nicht, wahrscheinlich weniger als sie. Aber seine Leidenschaft für das Lesen war so groß, daß er es zu einem Teil seines Zeitplans machte – er las meistens zu Pferde. Er ritt zwischen 80 und 140 km am Tage, mit einem Buch auf seinem Sattel . . . und kam so in seinem Leben durch tausende Bücher. In dem Wissen, daß Lesen Fettansatz beim Denken verhindert, riet Wesley vielen jüngeren Pastoren, entweder zu lesen oder aus dem Dienst auszuscheiden.
Reden Sie. Das Gespräch fügt das Öl hinzu, das wir brauchen, um unsere geistige Maschinerie sanft laufen zu lassen. Das Geben und Nehmen, das zu einem Gespräch gehört, der Frage-und-Antwort-Dialog, der mit einer Diskussion verbunden ist, liefert den notwendigen Schleifstein, um uns geschärft zu halten.
Viel zu viele unserer Gespräche bestehen aus Platitüden, seicht, vorgesagt, offensichtlich, oberflächlich. Das Reden ist zu wertvoll, um es zu verschwenden. Überlassen Sie das Gespräch über Menschen und über das Wetter den Nachrichten! Wenden Sie sich Ergebnissen, Ideen, kontroversen Themen, Dingen, die wertvoll sind, zu. Fragen und Antworten Sie »warum« und »wie« anstatt »was« und »wann«. Sondieren Sie. Hinterfragen Sie. Sokrates wurde als weise angesehen – nicht weil er alle Antworten wußte, sondern weil er die richtigen Fragen zu stellen wußte. Es gibt nur wenige Erfahrungen, die anregender sind als das Gespräch Auge-in-Auge, Seele-zu-Seele, das uns dazu zwingt, Anliegen zu

durchdenken und zu begründen. Reden Sie zur reinen Freude am Lernen.

Schreiben Sie, Gedanken formen sich über die Lippen und über die Fingerspitzen. Wie wahr! Die alte graue Angelegenheit entfaltet sich, wenn Sie sie auf Papier bringen. Beginnen Sie mit einem Tagebuch. Ein Tagebuch ist kein Kalender. Es ist mehr. Ein Tagebuch berichtet nicht, was Sie tun – es berichtet, was Sie denken. Es buchstabiert Ihre Ideen, Ihre Gefühle, Ihre Kämpfe, Ihre Entdeckungen, Ihre Träume. Kurz, es hilft Ihnen, zu artikulieren, wer Sie sind.

Wer weiß es, Ihre Memoiren mögen vielleicht die Bestsellerliste des Jahres 2000 anführen. Und um auch davon zu sprechen, warum versuchen Sie nicht, einen Artikel für Ihre Lieblingszeitschrift zu schreiben? Verleger sind auf Dauersafari nach seltenen Begabungen wie Sie.

Francis Bacon liefert einen perfekten Schluß für diese Zeilen:

> Lesen schafft einen vollständigen Menschen;
> reden einen bereitwilligen Menschen;
> schreiben einen eigentlichen Menschen.

Noch einmal anfangen

Direktübertragungen sind zu einem alten Hut geworden. Wir erwarten sie jetzt in allen Fernseh-Sportsendungen. Ob es die eindrucksvolle Rückhand des Tennisprofis ist oder der gelungene Paß über 30 Meter beim Fußball oder die zerschmetternde gerade Linke eines Schwergewichtlers, wir brauchen nie Sorge zu haben, dies alles zu verpassen. Und wir werden es wieder erleben und wieder und wahrscheinlich wieder in vielen Aufzeichnungen.

Es passierte mir kürzlich, daß ich – in Ermangelung einer

besseren Bezeichnung – *Wiederholungen* einiger der bedeutsamen Zeiten meines Lebens genießen wollte. Aber sie unterschieden sich von dem fixierten Rahmen, eines Films. Ich phantasierte über die Möglichkeit, noch einmal von vorn anzufangen und noch einmal die Chance zu haben, eine bestimmte Erfahrung noch einmal machen zu können, nur weiser, mit größerem Takt, mit besserem Geschmack. Sie wissen schon, all diese »Wenn-ich-es-noch-einmal-zu-tun-hätte« – Gedanken. Was würde das für eine zweite Chance sein!

Denken Sie nur an all die Dinge, die wir zurückhalten würden, mit denen wir beim erstenmal herausplatzten. Und erwägen Sie das unterschiedliche Verhalten, das wir plötzlichen Unterbrechungen gegenüber haben würden, ungeplanten Babys, unrealistischen Erwartungen, unwichtigen Details. Ich meine wirklich, wir würden eine Menge Dinge eine Menge weniger ernst nehmen, meinen Sie nicht auch?

Freudenzeiten formen großartige Erinnerungen. Lachen verweilt. Es dringt ein in die Mauern eines Hauses, und es kommt zurück und ermutigt uns noch viele Jahre später.

Bob Benson fängt all dies so gut ein in seinem Stück »Laughter in The Walls« (Lachen in den Mauern).

> Ich komme auf meinem Heimweg an vielen Häusern vorbei –
> an schönen, an teuren, an einladenden –,
> aber mein Herz springt immer in die Höhe, wenn ich unten in die Straße einbiege und mein Haus an den Hügel angeschmiegt sehe.
> Ich schätze, ich bin besonders stolz auf das Haus und darauf, wie es aussieht, weil ich die Pläne selbst gezeichnet habe.

Es begann, groß genug für uns – ich hatte sogar ein Arbeitszimmer –,
zwei Teenagerjungen wohnen jetzt darin.
Und es hatte ein Gästezimmer –
meine Tochter und neun Puppen sind unsere Dauergäste.
Es hatte ein kleines Zimmer, von dem Peg hoffte, es würde ihr Nähzimmerchen sein – zwei Jungen, auf der unterteilten Tür schwingend, erklärten diesen Raum zu ihrem.
So sieht es im Augenblick wirklich nicht danach aus, daß ich viel von einem Architekten hätte.
Aber es wird wieder größer werden –
einer nach dem anderen wird fortgehen, zur Arbeit, zum College,
zum Dienst, in sein eigenes Haus,
und dann wird Platz da sein –
ein Gästezimmer, ein Arbeitszimmer und ein Nähzimmerchen,
nur für uns beide.
Aber es wird nicht leer sein –
jede Ecke, jeder Raum, jeder Kratzer im Kaffeetisch wird voll sein von Erinnerungen.
Erinnerungen an Picknicks. Partys, Weihnachten, an das Wachen am Bett, Sommer, Feuer, Winter, Barfußgehen, in Urlaub fahren, Katzen, Gespräche, dunkle Augen, Examen, erste Verabredungen, Ballspiele, Erörterungen, Geschirrspülen, Fahrräder, Hunde, Bootsfahrten, Heimkommen aus den Ferien, Mahlzeiten, Kaninchen und tausend andere Dinge, die das Leben derer füllen, die fünf groß zogen.
Und Peg und ich werden still am Feuer sitzen
und auf das Lachen in den Mauern hören.

Ja, wenn wir den Segen der »Wiederholung« hätten, dann könnten wir eine Menge an Lebensperspektive gewinnen, die wir beim erstenmal oft verpassen.
Aber unglücklicherweise passieren die zweiten Male nicht. Wir können unsere Kinder nicht noch einmal erziehen. Ich kann nicht mehr Pastor meiner ersten Gemeinde sein. Anfangseindrücke können nicht noch einmal gewonnen werden. Abgeschnittene Bemerkungen können nicht fortgesetzt werden. Narben können nicht vollständig beseitigt werden. Beizende Tränen in der empfindlichen Struktur unserer Empfindungen sind oft von bleibender Art. Erinnerungen sind fixiert, nicht flexibel.
»Sie meinen, Gott würde nicht vergeben?«
Sie wissen es besser.
»Und Menschen können mein Versagen nicht übersehen?«
Nun, das ist es ja gar nicht.
Die meisten Menschen, die ich kenne, sind erstaunlich verständnisvoll. Unsere größte Aufgabe ist es, uns selbst zu vergeben.
Die Hauptbotschaft ist klar: Denke, bevor du sprichst. Halt inne, bevor du handelst.
Eine neue Chance? Keine. Es ist absolut unmöglich, zurückzukehren und noch einmal zu beginnen. Heute ist das Gestern von morgen . . ., und »Wiederholungen« werden nicht eintreten. Das Heute wird zur Erinnerung, es wird eine Einzahlung in die Bank des Lebens. Lassen Sie sie uns gut machen!
In dem Jetzt-oder-später-Kampf der Prioritäten ist es klar, wo das Geheimnis liegt. Lassen Sie uns jetzt auf die großen achten – heute. Es ist erstaunlich, wie die Nebensächlichkeiten verblassen, wenn wir uns voll auf das Wesentliche konzentrieren. Und das ist unmöglich,

wenn wir nicht das Wichtige über das Dringende stellen.

Sagen Sie mir, was wird die Wiederholung von gestern in dem Morgen Ihres Lebens sein? Die Antwort ist nicht so kompliziert. Es werden die Dinge sein, die Ihre »Mauern« heute aufgenommen haben.

. . . im Blick auf Gleichgewicht und Extreme

Der Feind unserer Seele ist der Experte von Extremen. Christus, unser Herr, ist das Bollwerk des Gleichgewichts. *Gleichgewicht:* jener wesentliche Ausgleich, die Fähigkeit, einen Kurs zu halten, eine Perspektive haben, praktische Weisheit. *Extreme:* in einer Richtung zu weit gehen, überreagieren, Kontrolle verlieren, einen Tunnelausblick haben, Fanatismus.

Wie oft finden wir uns selbst verausgabt, weil wir versäumt haben, mit dem Gesamtbild in Kontakt zu bleiben. Eifrig bedacht, das zu tun, was richtig ist, werden wir davongetragen. Und bald finden wir uns dabei, ein Zerrbild zu umfassen, und merken überhaupt nicht, daß wir in der Tat der Ketzerei gefährlich nahe sind. Und das Traurigste an alle dem ist: Niemand ist immun. Es passiert dem Starken genau so leicht wie dem Schwachen.

Blindpunkte resultieren aus dem Verlassen des Brennpunktes. Dank unserer Intensität und Ernsthaftigkeit würden wir zu noch größeren Extremen neigen, wenn nicht andere versuchten, uns mit einem Wort der Warnung ins Gleichgewicht zurückzubringen. Ein freundlicher Vorwurf. Eine leichte Mahnung. Denn niemand, der gesund ist, möchte wirklich am Rand des Wahnsinns stehen.

Vielleicht werden die folgenden Seiten Ihnen Beistand geben können auf ein paar Gebieten, wo Gleichgewicht notwendig, jedoch schwierig durchzuhalten ist.

Wir wollen uns entscheiden und wieder ins Gleichgewicht kommen. Und da bleiben.

Führen und folgen

Von Wunden Schorf abzupicken, das gehört nicht zu meinem Lieblingszeitvertreib. Im Gegenteil, normalerweise stößt mich so etwas ab. Wenn es heilt, so laß es in Ruhe. Kümmere dich nicht um den Gips am gebrochenen Bein. Wechsle nicht noch einmal die Verordnung, wenn die Kopfschmerzen sowieso weggehen. Reite nicht herum auf Ergebnissen und Konflikten, die gelöst sind. Laß es! Wenn ich wirklich über meinen Kummer wegkommen möchte, dann kann ich es mir nicht leisten, nach der Beerdigung immer wieder das Grab zu besuchen.

Aber gelegentlich müssen einige Regeln davon gebrochen werden. Wenn die Knochen im Bein nicht richtig zusammenwachsen, dann ist es notwendig, sie noch einmal zu richten. Selbst der Tote muß wieder ausgegraben werden, wenn ein wesentlicher Beweis mit dem Leichnam in Zusammenhang steht.

Und so lade ich Sie ein – nur für ein paar Augenblicke – mit mir zu einer Szene zurückzukehren, die alle von uns lieber vergessen wollen, ein Kultgelände in dem dampfenden Dschungel von Guyana. – Jonestown. Allein das Lesen des Wortes läßt mir die Kälte über den Rücken laufen. Scheußlichkeiten, weitaus schrecklicher und umfassender, als sie aus der Geschichte durchsickerten, entdecke ich. Doch weniger tiefgehend! Wahnsinnige haben die Weiche umgestellt in Richtung Ausrottung Tausender. Millionen in der Tat. Aber niemals in meinem Leben kann ich mich an Opfer erinnern, die freiwillig Gift tranken, es ihren eigenen Kindern gaben, sich ohne Kampf hinlegten (in Reihen!) und mit dem Gesicht nach unten starben . . . »Wie erwachsene Puppen«, wie ein Augenzeuge später berichtete.

Tod, den kann ich akzeptieren. Doch dieses Bizarre,

dieses peinlich genau Choreographierte, dieses blinde Folgen, das kann ich mir nur schwer vorstellen. Jeder von uns hat als Kind »Hinterherlaufen« gespielt. Aber selbst damals war es so, wenn der Anführer vorn zu verwegen oder zu dumm war, sind wir zur Seite gegangen. Da gab es bestimmte Grenzen. Und hier lebten 910 Menschen, die meisten Erwachsene, einige vollständige Familien, über die ihr Führer grenzenlose Macht hatte. Sie waren treu bis zu den letzten Extremen hin, so daß er frei war, eigentlich ohne Einschränkung, zu erdenken, zu fördern, zu üben und schließlich einen scheinbaren Selbstmordvertrag bei hellem Tageslicht auszutragen. Und als die ganze Wahrheit aufgedeckt wurde, begriffen wir, daß der Mann in seinem persönlichen Leben über die Grenzen der Anstandsformen und Wahrheit hinausgegangen war. Außer von ein paar Treuebrüchigen wurde der Diktator bereitwillig unterstützt, trotz der Vorurteile, Mißwirtschaft des Geldes, Brutalität, trotz sexueller Perversion und öffentlicher Gotteslästerung.
Kein anderer definierte dieses Folge-egal-wem-Syndrom besser als unser Herr in Matthäus 15, 14:

Lasset sie, sie sind blinde Blindenleiter! Wenn aber ein Blinder den andern leitet, so fallen sie beide in die Grube.

Nun, lassen Sie uns nicht das Kind mit dem Bade ausschütten. Es wäre eine unangebrachte Reaktion auf dieses Menschentempel-Blutbad, zu sagen, daß alle starken Führer verdächtig seien. Denken Sie daran, Jesus warnt uns vor den blinden Leitern, nicht vor allen Leitern. Gott gebraucht immer noch strategisch denkende, vertrauenswürdige, hingebungsvolle Menschen als Führungspersonen. Er hat sie immer gebraucht, und er wird sie immer brauchen. Viele Leiter haben rechtes Sehvermögen, wenn sie kontinuierlich mit Gott gehen. Aber wie kann man feststellen, wann die »Blindheit« einzusetzen beginnt. Was sind Symptome, auf die man bei natürlich begabten Führertypen achten muß, die einem sagen, daß sich Schwierigkeiten zusammenbrauen? Wann sollte man aufhören zu folgen, damit man nicht auch blind wird? Ich möchte sechs Blindpunkte anführen, die man nicht übersehen darf.

1. Autoritäres Verhalten. Seien Sie vorsichtig, wenn der Leiter anfängt, Ihre Freiheit zu unterdrücken. Wenn er oder sie unflexibel wird, diktatorisch, tyrannisch und einengend, hören Sie auf zu folgen. Beobachten Sie, wie der Leiter andere behandelt. Wenn ein Mangel an dienendem Herzen besteht, ein belehrbarer Geist, dann ist Stolz an der Macht.

2. Exklusivität. Sie sollten auf die Haltung achten »wir allein sind richtig«. Wenn etwas, was einmal gegründet wurde, zum Clan wird, in sich abgeschlossen, zur Clique, hüten Sie sich! Es soll sich als Ermutigung offenbaren, Verpflichtungen Ihrem Ehepartner gegenüber zu brechen, ebenso Familienmitgliedern und langjährigen Freunden gegenüber. Die Krankheit des Wahns begleitet oft diese Exklusivität.

3. Gier. Geldscheffeln ist ein weiteres verräterisches Zeichen. Besonders wenn sich der Fonds in der Tasche des Führers befindet und somit zur Sache von »keinem anderen« wird. Schenken Sie der Finanzphilosophie des Leiters große Aufmerksamkeit. Denken Sie an 1. Petrus 5, 2. Zuverlässige Hirten werden nicht motiviert von »schändlichem Gewinn«.

4. Sinnlichkeit. Moralische Reinheit ist ein Muß, wenn der Leiter behauptet, Gottes Hand sei über seinem Leben. Kompromisse hier führen zu Konsequenzen, die zu schlimm sind, als daß man sie übersehen könnte. Folgen Sie keinem Guru, egal, wie phantastisch oder charismatisch er sein mag, der zu vertraut ist mit dem anderen Geschlecht, der über die Lust lacht und mit den Untreuen flirtet.

5. Unverantwortlichkeit. Leiter, die es ablehnen, verantwortlich für jeden zu sein, büßen das Recht ein, daß man ihnen vertraut und folgt. Hüten Sie sich vor der geheimnisvollen, verantwortungslosen, unantastbaren Mentalität: »Ich bin von Gott gesalbt.« Egal, wie beredt oder wie kompetent, niemand kann eine Führungsrolle ausreichend ausfüllen ohne eigene Seelsorge und gelegentliche Konfrontation.

6. Rationalisierung. Wenn Falsches mit einem defensiven Geist gerechtfertigt wird, wenn unpassende Aktionen schnell beschönigt werden, wenn biblische Wahrheit so hingedreht wird, daß sie zu einem sündhaften Lebensstil paßt, wenn grauschwarze Tatsachen weißgewaschen werden, hören Sie auf! Achten Sie auf ein sensitives Gewissen – eine schnelle Bereitschaft, Falsches zuzugeben bei dem, dem Sie folgen.

Einem Führer zu folgen, der zuverlässig ist und Ihr Vertrauen verdient, das ist beides, herausfordernd und lohnend zugleich. Jedoch unter dem hypnotischen, fordernden Zauber einer blinden Primadonna zu existieren, das ist genau das, was Christus sagt: der Fall in die Grube.

Nehmen Sie seinen Rat an: »Lasset sie!«

Not und Gedeihen

Es gibt zwei extreme Tests, die das Gleichgewicht des Lebens stören. Jeder hat seine eigene Problemstellung. Auf der einen Seite ist es die Not. Salomo erkannte dies, als er schrieb:

Der ist nicht stark, der in der Not nicht fest ist (Spr. 24, 10).

Die Gute Nachricht umschreibt diesen Vers:

Du magst dich für stark halten – ob du es bist, zeigt sich erst in der Not.

Die Not ist ein guter Test unserer Spannkraft, unserer Fähigkeit, mit etwas fertig zu werden, zurückzutreten, sich von einem Mißgeschick zu erholen. Not ist ein schmerzlicher Pädagoge.
Auf der anderen Seite steht das *Gedeihen.* Aufrichtig gesagt, es ist ein härterer Test als die Not. Der schottische Essayist und Historiker Thomas Carlyle stimmt dem zu, wenn er sagt:

> Not ist manchmal hart für einen Menschen; aber auf einen Menschen, der das Gedeihen ertragen kann, kommen hundert, die Not ertragen werden.

Es gibt wenige, die im Schoß des Luxus leben können, die ihr moralisches, geistliches und finanzielles Gleichgewicht halten können, während sie auf dem hohen Seil des Erfolgs balancieren. Es ist Ironie, daß die meisten von uns mit einer plötzlichen Degradierung besser zurechtkommen als mit einer ansehnlichen Beförderung.
Warum? Das ist gar nicht so schwer zu erklären. Wenn uns die Not trifft, dann wird das Leben ziemlich einfach. Es ist notwendig für uns zu überleben. Aber wenn uns

Gedeihen widerfährt, dann wird das Leben kompliziert. Und unsere Bedürfnisse sind zahlreich, oft extrem ineinander verwickelt. Es ist immer so, und zu diesem Test kommt der unserer Integrität. Es gibt nur einen von hundert, der zur Melodie des Erfolgs tanzen kann, ohne den Spieler zu zahlen mit dem Namen Kompromiß.

Doch bevor wir uns zu weit entfernen, lassen Sie uns begreifen, daß es nicht notwendigerweise falsch ist, erfolgreich zu sein. Befördert zu werden, erhoben zu werden auf einen prominenten Platz, das kann von Gott selbst kommen.

Denn es kommt nicht vom Aufgang und nicht vom Niedergang, nicht von der Wüste und nicht von den Bergen, sondern Gott ist Richter, der diesen erniedrigt und jenen erhöht (Ps. 75, 7. 8).

Asaph, der Mann, der diese Worte schrieb, hatte recht. Es ist das souveräne Recht des Herrn, sowohl zu degradieren als auch zu befördern . . . und wir wissen selten, warum er wen dazu erwählt.

Gibt es irgendeinen biblischen Beweis dafür, daß einige aus der Niedrigkeit herausgerissen und erhöht wurden, ohne ihre Treue zu verlieren? Gibt es irgendwelche Beispiele glücklicher Menschen, die ihr Gleichgewicht behalten haben bei ihrem Gang auf dem Seil? Sicherlich, etliche.

– Daniel wurde von einem kleinen ungelernten Landarbeiter in einem Geheimlager Babylons zum nationalen Befehlshaber über ein Drittel des Königreichs erhoben (Dan. 6, 1. 2).

– Amos wurde von einem Maulbeerpflücker in Tekoa befördert, nichts mehr als ein altertümlicher kleiner

Farmpächter, zum Propheten Gottes in Bethel, der königlichen Residenz (Amos 7, 14. 15).
– Hiob war ein Farmer in Uz, als Gott ihm Gedeihen gab und ihm finanzielle Unabhängigkeit gewährte (Hiob 1, 1–5).
Und nicht einer von diesen Dreien verlor bei diesem Prozeß seine Integrität.
Aber das klassische Beispiel ist David nach den letzten drei Versen von Psalm 78:

. . . und erwählte seinen Knecht David und nahm ihn von den Schafhürden; von den säugenden Schafen holte er ihn, daß er sein Volk Jakob weide und sein Erbe Israel. Und er weidete sie mit aller Treue und leitete sie mit kluger Hand.

Als Jahwe in der judäischen Landschaft nach einem Nachfolger Sauls suchte, fand er einen Jugendlichen, mitten in seinen Teenagerjahren, der eine einmalige Kombination besaß:

die Demut eines Dieners,
das Herz eines Hirten,
die Hand eines Weisen.

Und an seinem dreißigsten Geburtstag erhielt Isais Jüngster das höchste Amt seiner Nation. In seinen Händen lag ein riesiger Schatz, unbegrenzte Privilegien und eine enorme Macht.
Und wie ging er damit um? Lesen Sie jenen letzten Vers noch einmal. Er weidete die Nation »mit aller Treue«. Er war Carlyles »einer von hundert«.
Und Sie?
Wenn Sie Ihr Wort geben, dann tun Sie es auch.

Genauso, wie Sie es gesagt haben. Denn Integrität bedeutet, daß Sie auch im Wort vertrauenswürdig sind. Weiter, wenn Rechnungen fällig werden, bezahlen Sie sie. Weil Integrität bedeutet, daß Sie finanziell verläßlich sind. Auch, wenn Sie versucht sind, mit einer unerlaubten sexuellen Affaire zu spielen, widerstehen Sie. Weil Integrität bedeutet, daß Sie moralisch sauber sind. Sie pfuschen nichts zurecht, auch wenn Sie in der Lage sind, Ihre Pfade zuzudecken. Noch fälschen Sie sie, weil Sie ja jetzt »groß« sind. Erfolgreich zu sein, gibt niemandem das Recht, Falsches richtig zu nennen. Oder zu etwas okay zu sagen, was nicht okay ist.

Not oder Gedeihen, beides sind harte Tests an unser Gleichgewicht. In der Not das Gleichgewicht zu behalten, das erfordert Spannkraft. Aber im Gedeihen das Gleichgewicht zu behalten –, das erfordert Integrität. Der schnelle Wind des Kompromisses ist viel verwüstender als das plötzliche Rütteln des Mißgeschicks.

Darum ist das Gehen auf dem Seil schwerer als das Stehen im Sturm. Die Höhe hat eine komische Art, unser Gleichgewicht zu stören.

Schritt halten oder nicht

Mit unserer Zeit Schritt zu halten, ist etwas Grundsätzliches.

Besser als jedes andere Wort, das mir einfällt, beschreibt unsere Welt das Wort Veränderung. Riesige, mitreißende Veränderungen, besonders in den letzten 150 Jahren. Die Fähigkeit, sich auf diese Veränderungen einzustellen – unser unsicheres Gleichgewicht zu halten –, ist entscheidend. Das einfache Überleben erfordert das Anpassen. Weiterzugehen und auch nur irgend etwas Eindrückliches zu tun, erfordert eine unglaubliche Menge an Flexibilität, eine schnelle Bereitschaft, den Stil zu verändern und Methoden zu modifizieren. Der alte römische Politiker Publius hatte recht, wenn er schrieb:

> Es ist ein schlechter Plan, der keine Modifizierung zuläßt.

Und ich meine das nicht geringschätzig. Einige Dinge müssen sogar drastischen Veränderungen unterliegen, wenn wir hoffen, an der vorderen Kante des Keils zu bleiben. Betrachten Sie drei der entscheidenden Veränderungen in unserer Welt.

Bevölkerung. Bis 1850 hatte die Anzahl der Menschen auf diesem Globus noch keine Milliarde erreicht. 1930 (bloß achtzig Jahre später) verdoppelte sich die Zahl. Dreißig Jahre später – 1960 – schoß sie auf drei Milliarden. Von da ab kam die »vierte« Milliarde menschlicher Wesen in Szene. Und jetzt, ab 1985, wird die Erde fünf Milliarden erreichen. Demographen schätzen, daß am Ende dieses Jahrhunderts weitere zwei Milliarden dazu gekommen sein werden . . . was sieben Milliarden Menschen macht, die sich auf diesem Planeten bewegen und essen und reden und streiten. Das bloße Gedränge der Menschen bringt mich ins Schwanken. Wir haben eine vollkommen andere Welt, als sie vor 133 Jahren war, grundlegend anders.

Geschwindigkeit. In den frühen 1800ern war das schnellste, was ein menschliches Wesen reisen konnte, ungefähr 32 km/Std – auf dem Rücken eines galoppierenden Pferdes. 1880 raste der »Stromlinien«-Personenzug mit 160 km/Std durchs Land, eine unerhörte und furchterregende Geschwindigkeit für das Erleben der Menschheit. Am 17. Dezember 1903 wurde eine fremdartige Maschine in Kitty Hawk, North Carolina, für 59 Sekunden in die Luft gejagt, wo sie 284 m entlangschwirrte.

Der Flug der Wrights eröffnete eine völlig neue Geschwindigkeitsdimension, die nie zu träumen möglich war. Weniger als 60 Jahre später fegten die Passagierjets mit 1000 km/Std dahin. Wenn wir die Fähigkeit der bemannten Raumfahrtraketen mit einschließen müßten, die Geschwindigkeit würde auf 35000 km/Std springen. Freunde und Nachbarn, das ist ein Tausch!

Bücher. Wenn meine Nachforschung korrekt ist, dann waren bis zum Ende des siebzehnten Jahrhunderts relativ wenige Werke veröffentlicht, und zwar nur ein paar Hundert in aller Welt. Am Ende des Neunzehnten Jahrhunderts wurden ungefähr 25000 Bücher im Jahr herausgegeben. Und heute? Setzen Sie sich. Nicht weniger als 400000 neue Titel werden jetzt um den Globus herum produziert. Und das sind bei weitem nicht alle Bücher, die man erwerben kann, das sind nur die neuen. Jedes Jahr. Und die Zahl ist ansteigend, und damit der Anteil der Literatur.

Es ist nicht nötig, alle Tatsachen vor sich aufzureihen, der Punkt ist klar. Und ich habe Sie nicht einmal damit gequält, die technologischen Fortschritte des letzten Jahrhunderts zu erwähnen. Oder die enormen Veränderungen, die in der militärischen Rüstung und Verteidigung gemacht wurden ... im Agrarwesen, in den Wohnverhältnissen, in der Art des Transports, in der Medizin, Musik, Architektur und im Ingenieuerwesen, in Film und Unterhaltung, Luxusartikeln und privater Einrichtung, bei Computern, Kleidung und Autos.

Weil Gott ewig bedeutsam ist und ihn nichts von all dem wegwischen kann, ist er immer noch in Kontakt, an der Macht, und er ist sich seiner Sache voll bewußt. Warum er diese radikale Umformung menschlicher Geschichte verursacht oder zugelassen hat, kann niemand mit Sicherheit sagen. Aber wir können begründet vermuten, daß Gott ihr gewachsen ist. Einige würden jetzt am liebsten ausrufen: »Dies sind vorhergesagte Zeichen der baldigen Wiederkunft Christi.« Möglich. Aber was ist bis dahin? Was ist wesentlich? Und wir sind wieder da, wo wir angefangen haben, nicht wahr? Anpassungsfähig zu sein, bereit, umzuschalten und sich zu verändern.

Mit Veränderungen kommen neue Herausforderungen, Dinge, denen unsere Väter und Großväter niemals gegenüber standen. Stellen Sie die Verbindung her. Die Art und Weise, wie die Dinge im Neunzehnten Jahrhundert und Anfang des Zwanzigsten getan wurden, ist heute »nicht mehr drin«. Wir müssen neue und frische Modelle auf dem Amboß einer jeden Generation heraushämmern . . . immer auf der Hut davor, überholt und institutionalisiert zu sein. Das ruft nach Kreativität, Originalität und Sensitivität. Das bedeutet auch, nicht bereit zu sein, in die Pferd-und-Wagen-Schablone traditioneller Erwartungen hineinzupassen, wenn man in der Concorde- Generation lebt.

Mehr als alles andere, davon bin ich überzeugt, war es der frische, echte, originelle Stil, der die Menschen in einer Welt müder Phrasen, starrer Regeln und leerer Religion zu Jesus zog. Erinnern Sie sich an den Bericht, der den Pharisäern gegeben wurde? »Niemand hat je geredet wie dieser Mann.« Er ging über zu einem neuen Akkord.

Wird es klappen? Ist es den Einsatz wert? Schritt halten mit unserer Zeit, das geschieht nicht ohne Gefahren – denken Sie daran, sie kreuzigten Christus –, doch es gibt etwas, das ist weitaus schmerzvoller auf dem langen Marsch. Und das ist das Nicht-Schritt-halten mit dem heutigen Trommelschlag.

Lauter zu schreien und zu stampfen, das würde den Akkord nicht verändern.

Perfektion erwarten und Menschlichkeit akzeptieren

Selbst kein ideenreicher Aufkleber-Fan, merke ich, wie ich von dem meisten abgestoßen werde, was die Leute an ihren Heckscheiben durch ihre Aufkleber verkünden. Das meiste Zeug ist ganz einfach abstoßend – sogar manches mit religiösem Jargon.

Aber vor ein paar Jahren entdeckte ich einen neuen Aufkleber. Aus einem bestimmten Grund verankerte er sich fest in meinem Schädel. Vielleicht haben Sie ihn auch schon gesehen:

Christen sind nicht perfekt, ihnen ist nur vergeben.

Das letzte Mal, als ich ihn sah, war es auf einer Schnellstraße, hinten an einem Wagen, der mich überholte, obwohl ich die Geschwindigkeitsbegrenzung bereits überschritten hatte. Es paßte. Das Mal davor sah ich ihn auf einem VW-Kombi (Gott, hab ihn lieb), der ein Protokoll unter dem Scheibenwischer klemmen hatte, weil die Parkuhr abgelaufen war. Ich versuchte, mir den Polizisten vorzustellen, der die Nummer überprüfte und den Aufklaber sah. Er war wahrscheinlich überrascht, daß Christen zu lange parken!

Doch bevor ich alle mit dieser Seite errege, ist es nötig, meine Aufzeichnungen hier geradezurücken. Es gibt keinen Weg, auf dem wir immer alle überzeugen könnten, die außerhalb der Familie Gottes stehen, das ist wahr. Ein paar Ungläubige verstehen uns, aber die meisten schalten niemals richtig. Statt dessen werden sie bis zu ihrem Todestag damit beschäftigt sein, geschockt und verärgert und beleidigt und abgestoßen zu sein, wenn nur je ein Cirist Risse in seinem Leben zeigt. Von all den Dingen, die sie scheinbar nicht fassen können, sind es zwei, die sie am meisten verwirren: Gottes Gnade und das menschliche Versagen.

- Wie kann so etwas Herrliches wie Vergebung der Sünden und ewiges Heil umsonst sein?
- Wie kann diese Person behaupten, ein Christ zu sein und dabei so handeln?

Wenn Sie schon öfter ein Zeugnis gegeben haben, dann wissen Sie, wie oft diese zwei Fragen gestellt werden. Nichtchristen sind darüber frustriert. Warum? Weil ihre gesamte Perspektive horizontal ist. Dinge, die wertvoll sind, sind kostspielig. Deshalb ist es unbegreiflich, daß so etwas Unbezahlbares wie der Himmel als freies Geschenk angeboten werden kann. Es gibt nicht viel an Gnade, was auf horizontaler Ebene so frei herumläuft. Und weil ihr gesamter Beziehungsrahmen so menschzentriert ist, ist es für sie eigentlich unmöglich, sich jemanden vorzustellen, der behauptet, er gehöre zu Gott und der dennoch immer noch mit der Unvollkommenheit kämpft.

Das ist die Art des nichtchristlichen Denkens, und ich akzeptiere das. Sie verwechseln das Heil mit Perfektion – kein Wunder, daß sie frustriert sind! Aber die Christen wissen es besser . . . oder sollten es wenigstens. Als solche, die miteinander in der Nachfolge stehen, verstehen wir, daß uns das Christwerden in keinster Weise in ein Leben der Perfektion führt, indem es unsere Menschlichkeit ausradiert und unser Menschsein aufhebt. Wenn alles das tatsächlich passierte, warum in aller Welt wäre das Neue Testament dann angefüllt mit seelsorgerlicher Hilfe zur Vergebung anderer, ihr Versagen zu verstehen, ihre Sprünge zu akzeptieren und ihre Stärken im Auge zu behalten? Es ist schon etwas, wenn ein Ungläubiger von uns Perfektion erwartet – ich kann damit leben und toleriere das! – aber es bringt mich aus der Fassung, von Brüdern und Schwestern, die es besser wissen, in ein Perfektionsklischee gesteckt zu werden!

O, ich weiß, daß unser Vorbild Christus ist . . . und daß unser Standard hoch ist . . . und daß unsere Motive oft gut sind. Aber es ist nötig, daß es immer und immer und immer und immer wieder gesagt wird.

Christen: Nicht durch Perfektion, sondern durch Vergebung.

Wie leicht ist es doch, unsere Brüder und Schwestern zu manipulieren, ja, sie sogar zu besiegen. Und wie schnell reißt der dünne Faden der Freiheit, wenn uns das Schwergewicht perfektionistischer Erwartungen aufgeladen wird! Jesus tat dies niemals mit den Seinen. Wenn die Menschen nahe bei ihm waren, dann war es diese durchdringende Ausstrahlung, bei der unrealistische Erwartungen und spitzfindige Forderungen und manipulierende Kniffe fehlten. Er gebrauchte keine Drucktechniken! Er akzeptierte die Menschen einfach so, wie sie waren.

Eine Lähmung setzt dann ein, wenn wir an dem würgenden Kontext des Perfektions-Erwartungs-Syndroms herumoperieren. Genährt von Angst und Schuld wird der Christ so vielmehr ein Opfer anderer als ein Sieger in Christus. Sie sehen, wir handeln letztlich aus diesem Druck heraus und grenzen damit unser Potential ein.

In einem der kürzlich erschienenen Werke von Wayne Dyer – sechs Monate lang Bestseller – spricht er davon, wie Kräfte von außen unsere Leistungsfähigkeit begrenzen können.

> In den 1960ern wurde einem Lehrer eine Tabelle gegeben, die die Punktzahl des IQ-Tests von den Schülern einer Klasse aufführte, und die Tabelle einer anderen Klasse, wo die IQ-Spalte bereits versehentlich ausgefüllt war, und zwar mit den Zahlen der Schließfächer für ihre persönlichen Sachen. Der Lehrer schloß daraus, daß die Zahlen

> die gegenwärtigen IQs der Schüler seien, als die Tabellen am Anfang des Schuljahres ausgehängt wurden. Nach einem Jahr wurde entdeckt, daß in der ersten Klasse die Schüler mit den hohen Punktzahlen mehr geleistet hatten als die mit den niedrigen. Aber auch in der zweiten Klasse standen die Schüler mit den höheren Schließfachnummern bezeichnenderweise höher als die mit den niedrigeren Nummern.

Glauben Sie mir, wenn Zahlen von Schließfächern dies tun können, so kann es auch die Schuld, die von Christen regelrecht herbeigeholt wird, indem einer vom anderen Perfektion erwartet. Lassen Sie uns einander stützen! Lassen Sie uns den Würgegriff im Nacken des anderen lösen. Lassen Sie den Herrn das Kritisieren übernehmen und das Fingerzeigen und das Fordern und Richten. Lassen Sie uns wachsen und aufhören, empfindlich zu sein und die Kleinigkeiten immer aufzugreifen. Ich liebe es, was Ruth Graham einmal so weise sagte:

> »Es ist meine Aufgabe, Bill zu lieben. Es ist die Aufgabe Gottes, ihn gut zu machen.«

Ersetzen Sie den Namen Billy mit dem Namen Ihres Ehepartners, Ihrer Eltern, Ihres Freundes, Ihres Chefs, Ihres Nachbarn, Ihres Missionars und speziell Ihres Pastors, und Sie werden anfangen, den Inhalt der Aufkleber-Botschaft zu verstehen. Und es wird für die um Sie herum viel leichter sein.

Denken Sie daran, wir müssen auch mit Ihnen leben.

Äußerlich und innerlich

Howard Snyder macht mich fertig.

Er bringt mich aber auch zum Nachdenken, ich stimme

zu und stimme nicht zu. Ich lache und ich seufze. Etwas in mir möchte auf ihm herumhacken und ihn zwei Minuten später umarmen. Ich schüttele den Kopf bei seinem extremen Generalisieren . . . und nicke kurz darauf vor Erstaunen über seine scharfsinnigen Auswertungen, akkurat bis ins kleinste.

Kein Mensch verdient alle diese Emotionen. Aber Snyder holt sie alle aus mir heraus, seit ich zum – zum dritten Mal – seinen kontroversen 1976er Band »The Problem of Wine Skins« (Das Problem der Weinschläuche) gelesen habe. Ein hartes Buch! Und lassen Sie sich nicht vom Titel irremachen. Es hat wenig zu tun mit buchstäblichem Wein und noch weniger mit ledernen Weinschläuchen. Aber es hat eine Menge zu tun mit den Grundsätzen hinter den Worten Jesu in Lukas 5, 37. 38:

Niemand füllt jungen Wein in alte Schläuche; sonst zerreißt der junge Wein die Schläuche und wird verschüttet, und die Schläuche kommen um. Sondern den jungen Wein soll man in neue Schläuche füllen.

Lassen Sie das in sich eindringen! Offensichtlich unterscheidet unser Herr hier zwischen Dingen, die wesentlich sind (dem Wein), und Dingen, die brauchbar, aber nicht erstrangig sind (den Schläuchen). Wer braucht Weinschläuche, wenn kein Wein das ist? Der Wein, so sehen Sie, stellt das Grundlegende dar, die unveränderliche, zeitlose, die immer kräftige, allzeit-notwendige Botschaft. Das Evangelium. Den Retter. Die alte Wahrheit der Schrift. Und die Weinschläuche? Klar, sie stellen das dar, was zweitrangig ist, nebensächlich, von Menschen gemacht. So etwas wie Struktur, Tradition – hören Sie jetzt nicht auf zu lesen – und Klischees, wie man Dinge

macht, was gewachsen ist und den »Wein« eingeschlossen hat. Sie haben das Bild erfaßt?!?
Die Weinschläuche sind die Kontaktstelle zwischen dem Wein und der Welt. Und so wie der Druck durch die Gesellschaft anwächst, so neigen die Schläuche dazu, nachzugeben, flexibel zu sein. Mit der Zeit aber werden sie porös, weniger elastisch . . . und letztlich unbrauchbar. Sie haben das Extrem der Inflexibilität erreicht. Leider sind es unglücklicherweise nur wenige, die frische, neue, geschmeidige Behälter tolerieren können, den Wein zu halten. Wir bevorzugen viel mehr die alten – selbst wenn sie brüchig und undicht sind – als die neuen.
Das war so auch in den Tagen Jesu. Er war zu radikal und zu neu in seinem Anliegen. Er irritierte die alte Garde. Stirnrunzelnd stellten sie Fragen wie diese:

Warum übertreten deine Jünger die Satzungen der Ältesten? Sie unterlassen die Waschung der Hände vor dem Essen (Matth. 15, 2).
»Warum esset und trinket ihr mit den Zöllnern und Sündern? (Luk. 5, 30).
»Was tun deine Jünger am Sabbat, das nicht recht ist?« (Mark. 2, 24).

Das ist ihr Tenor: »Schäm dich, Jesus! Wenn du unsere Achtung erwartest, dann laß deine Hände weg von den Weinschläuchen!«
Sie brachten den äußeren Behälter mit dem inneren Schatz durcheinander.
Heute spenden wir seiner revolutionären Entschlossenheit Beifall. Es war diese Qualität, die seine Zeitgenossen zu dem Gemurmel veranlaßte: »Keiner hat je geredet wie dieser.« Aber die Schranken, die er öffnete, und die

Beschuldigungen, die er hinnehmen mußte, ließen den Stand des öffentlichen Ärgers zu enormen Proportionen anwachsen. Es ging bis hin zur Nagelung ans Kreuz. Denken Sie daran! Und viele kehrten zurück zu ihren alten Weinschläuchen religiöser Tradition, um sicher zu sein vor seinen Worten, die sie mehr als drei Jahre lang beunruhigt hatten.

Doch ein Rest hatte den Wein probiert. Sie hatten einen neuen Appetit entwickelt. Mit neuem Herzen sangen sie neue Lieder. Sie predigten eine neue Hoffnung von dem neuen Bund. Als neue Kreaturen in Christus boten sie einen »neuen und lebendigen Weg« an (Hebr. 10, 20). Hervorgegangen aus einem Kokon der Angst und Einschüchterung, flogen sie nun frei und kühn davon. Bereit, in Gruben und Höhlen dieser Erde zu leben, entzogen sie der alten Welt den Boden . . ., sie stellten sie auf den Kopf, wörtlich, »die den ganzen Erdkreis erregten« (Apg. 17, 6).

Diese neue Gruppe nichttraditionell Denkender erhob sich erneut im sechzehnten Jahrhundert. Nicht bereit, sich in den eisernen Rachen des Papsttums mit all seinem Schmuck drängen zu lassen, brachen sie damit. Warum? Sie verschmähten die traditionellen Weinschläuche. Sie lehnten es ab, die glänzenden Reichtümer Christi in schäbige religiöse Lumpen zu kleiden. Sie entschieden sich, den Wein zu bewahren und die Schläuche zu ersetzen auf Kosten des Mißverstandenwerdens. In ihrer Zeit wurden sie schnell als »Ketzer« gebrandmarkt. Heute jedoch – seltsam – erheben wir sie zu couragierten »Reformatoren«. Es ist erstaunlich, was ein paar hundert Jahre ausmachen in unserer Perspektive.

Und wie ist es mit Ihnen? Sind Sie eifrig dabei, die Weinschläuche zu hüten und sie zu bewahren? Tragen Sie die Fackel äußerer Tradition über die Zeit hinaus?

Oh, ich verstehe das. Ich tat es beinahe zwanzig Jahre meines Christenlebens. Der Wein erhielt wenig von meiner Aufmerksamkeit, weil ich die Schläuche Jahr für Jahr flickte. Was für eine Vergeudung!
Durch einen Prozeß der Zeit und sehr schmerzlicher Ereignisse habe ich mit dieser nervösen Gewohnheit gebrochen. Je älter ich werde, desto weniger kümmere ich mich um die traditionellen Schläuche, und um so mehr sehne ich mich nach dem reinen Wein, dem Wesentlichen, dem äußeren Inneren.
Danke, Howard Snyder. Ich brauchte den Denkanstoß. Aber du machst mich immer noch fertig!

Isolierung und Integration

Fahrstühle können unheimlich sein, besonders überfüllte. Man ist zusammengepfercht mit Leuten, denen man nie begegnet ist, so daß man ernsthaft versucht, sie nicht zu berühren. Und es spricht auch niemand. Das einzige, was man gelegentlich hört, ist: »Ich möchte raus, bitte« oder »Oh, Entschuldigung«, wenn jemand einem anderen ungeschickt auf den Zeh getreten hat. Man schaut niemanden an; man schaut eigentlich nirgendwo hin, nur aufwärts, und beobachtet diese sprachlosen Zahlen, wie sie kommen und gehen. Seltsam, Menschen derselben Sprache sind plötzlich so still wie ein Raum voller Nonnen, die sich der Öffentlichkeit entzogen haben.
Es ist beinahe so, als wäre da ein offizielles Schild, an dem man lesen könnte:
Nicht reden, nicht lächeln, nicht berühren. Kein Blickkontakt gestattet ohne schriftliche Zustimmung der Direktion. Keine Ausnahmen!!

Vor Jahren sprach ich auf dem Gelände der Universität von Oklahoma. Nach der Veranstaltung lud mich eine pfiffige Gruppe zu einer Cola ein. Da wir in dem Studentengebäude etliche Stockwerke hoch waren, entschlossen wir uns, den Fahrstuhl nach unten zu nehmen. Als die Tür aufging, war das Ding voller Menschen, die uns diesen Na-ihr-werdet-doch-nicht-versuchen-hereinzukommen-Blick zuwarfen. Aber wir taten es dennoch. Ich war der letzte. Es war wirklich kein Platz mehr, sich umzudrehen. Ich fühlte, daß jeder in meine Richtung starrte. Als sich die Tür hinter mir schloß, lächelte ich großzügig und sagte laut: »Sie werden sich fragen, warum wir dieses Treffen heute hier einberufen haben!« Offenes Gelächter brach aus. Das Erstaunlichste daran war zu beobachten, daß Menschen tatsächlich anfingen zu reden, tatsächlich miteinander in Kontakt kamen . . . in einem Fahrstuhl.

Mir kam der Gedanke, daß ein Fahrstuhl ein Mikrokosmos unserer heutigen Welt ist: eine große, unpersönliche Institution, wo Anonymität, Isolierung und Unabhängigkeit die Uniform des Tages ist. Eine grundlegende Qualität unseres gesunden sozialen Lebens ist verwässert, verzerrt und erniedrigt von der »Fahrstuhl-Mentalität«. Wir sind aus dem Gleichgewicht geraten auf dem Gebiet des Kontakts zu Menschen.

Ein kürzlich veröffentlichter Bericht im Blick auf die Krise der Vorstadtjugend, unterstreicht etliche Aspekte dieses neuen geistigen Malheurs. Viele Kinder des Wohlstands werden als passiv geschildert, einen Lebensstil akzeptierend, den sie als leer und bedeutungslos betrachten. Ein Syndrom ist erkennbar, das »eine niedrige Schwelle der Langeweile, einen eingeengten Gefühlsausdruck und einen scheinbaren Mangel an Freude an allem, was nicht sofort konsumiert werden kann« beinhaltet.

Man versteht das, wenn man die bezeichnenden Rollen beobachtet, die jetzt gespielt werden in Musik, Drogen, Saufereien, Sex und Statussymbolbesessenheit. Nehmen Sie Rockkonzerte und Sportereignisse weg, und Sie werden selten viel Entfaltung starker Emotionen beobachten können.

Rückgang von Integration und Motivation. Eintreten von Gleichgültigkeit, Bindungslosigkeit, mangelndem Engagement, kein Teilhaben oder Fürsorgen . . . Mahlzeiten mit Hifi-Kopfhörern, laut aufgedreht natürlich, eigene Zimmer, jedes mit eigenem Telefon, Fernsehen und Plattenspieler, eigener Toilette und mit einer Das-geht-mich-nichts-an-Haltung. Kein Ärger, keine Konflikte, keine Verläßlichkeit. Keine Notwendigkeit, etwas zu teilen, sich nach etwas auszustrecken oder sich von etwas zu trennen. Nur auf die Zahlen achten und niemanden anschauen.

Dr. Philip Zim Zimbardo, ein Professor der Psychologie in Stanford und Autor eines der meistverwendeten Fachbücher auf diesem Gebiet, sprach diesen Bereich an:

> Ich weiß von keinem größeren Potenztöter als der Isolation. Es gibt keinen zerstörerischen Einfluß auf die physische und geistige Gesundheit als deine Isolierung. Sie hat sich als zentrale Kraft in der Ursachen-Forschung von Depression, Paranoia, Schizophrenie, Entführung, Selbstmord, Massenmord gezeigt.

Und dann fügt er hinzu:

> Es ist die Strategie des Teufels für unsere Zeit, die menschliche Existenz in vielerlei Weise bedeutungslos zu machen: die Isolierung voneinander mit der Verblendung, daß die Gründe Zeitdruck, Arbeitserfordernisse oder Sorge sind, hervorgerufen durch wirtschaftliche Unsicherheiten, durch

das Nähren von Narzißmus und durch den wilden Konkurrenzkampf, die Nr. 1 zu sein . . .

Und wir müssen mit all dem zurechtkommen. Unser Heiland formulierte die Antwort vollkommen. Er predigte sie nicht nur. Er sorgte. Er hörte zu. Er diente. Er streckte sich aus. Er unterstützte. Er bejahte und ermutigte. Er blieb in Kontakt. Er ging mit den Menschen – nahm nie den Fahrstuhl.

Die einzige Flucht aus der Gleichgültigkeit ist, an die Menschen zu denken als an unseren größten Auftrag. Wir müssen hart daran arbeiten, wieder Familienfreude herzustellen, bedeutsame Mahlzeiten, Menschen zu integrieren, Abende ohne Fernsehgeräusche zu gestalten, ohne oberflächliche Unterhaltungen, Zeiten, in denen wir uns echt einlassen mit Menschen in Not – und nicht nur für sie beten.

Halten Sie den Fahrstuhl an, ich möchte aussteigen.

. . . im Blick auf Leben und Tod

Leben. Tod. Umfassende, weitgehende Begriffe. Zu groß, um sie ganz zu erfassen. Jedoch grundlegende, eindringliche Wörter, die alles umfassen. *Leben:* Geburt, Erfahrungen, Beziehungen, Zeit, Aktivitäten und Betroffensein, Entscheidungen und Chancen. *Tod:* die letzte, endgültige Hülle, absolutes Schweigen und Stille, »der König des Terrors«, Ende.
Wie leicht, wie schrecklich verführerisch ist es, es abzulehnen, zu Begriffen so tiefgründiger Art zu kommen. Besser, das Fernsehgerät einfach lauter zu stellen und sich mit einem Nur-keine-Aufregung –, Nichts-könnte-mich-weniger-beunruhigen-Gefühl zurückzulehnen. Wenn es schwierig wird, braucht man ja nur ein anderes Programm einzuschalten.
Aber warten Sie. Es ist eine Realität, mit der man fertig werden muß. Das Leben ist kurz und für jeden von uns einmalig entworfen. Und der Tod ist gewiß. Er übersieht niemanden. Seltsam, obwohl beide im Gegensatz zueinander stehen, arbeiten sie zusammen, anders als die Sonne und der Mond – beide mit ihrer wesentlichen Botschaft auf die Erde wirkend.
Und wir sind eingefangen in diesen Strom. Gezwungen, mit den Fragen und Unebenheiten des Lebens zu ringen. In der Erwartung, während unserer sechzig oder siebzig Jahre einige Ergebnisse zu erzielen. Und dann? Sie haben es erraten. Dann kommt der Vorhang, dann ist Ewigkeit. Der große Wechsel vom Vertrauten zum Unbegreiflichen. Ehrfurchtgebietender Gedanke.
Was ist das Leben? Was ist nach dem Tod? Stehen die

Antworten auf das eine im Zusammenhang mit den Antworten auf das andere?
Entscheiden Sie selbst.

Ist Trauma Endstation?

Die Definition spiegelt Verwüstung wider:
Trauma: (griech. Wunde) . . . schädigende Gewalteinwirkung körperlicher (z. B. Verletzung) oder seelischer Art (z. B. Schreck) . . . (Brockhaus) Der Webster fügt noch hinzu: ein gestörter psychischer oder verhaltensmäßiger Zustand durch geistigen oder seelischen Streß.
Wie die Kartoffeln in einem Dampftopf, so verstehen wir Kreaturen des zwanzigsten Jahrhunderts die Bedeutung von Streß. Keine Woche vergeht ohne ein paar Scharmützel mit solchen »schädigenden Gewalteinwirkungen«, die an unseren zerbrechlichen Rahmen schlagen. Sie mögen so sanft sein wie das Brotestreichen für unsere Kinder vor 7.30 Uhr am Morgen oder so ernst wie eine Kollision mit einem anderen Wagen oder mit einem anderen Menschen. Das ist kein Unterschied. Das Resultat ist »Trauma« – ein Zweitwort für nervös. Wissen Sie, Valium bleibt der Top-Verkaufsartikel. Unsere seelischen Wunden sind oft tief. Sie bluten nicht aus wie ein angestochenes Opfer, aber sie sind geradeso real, genauso schmerzhaft – manchmal noch mehr.
Erinnern Sie sich an den Streßtest, der von Thomas Holmes und seinen Kollegen unternommen wurde und in diesem Buch bereits erwähnt wurde? Sie kamen zu dem Ergebnis, daß eine Anhäufung von zweihundert und mehr »Lebensveränderungs-Einheiten« pro Jahr mehr Zerstörung – mehr Trauma – bedeuten könne als ein einzelner ertragen kann. Auf ihrer Tabelle entspricht der

Tod eines Ehegatten einhundert Einheiten, eine Scheidung weist dreiundsiebzig Einheiten auf – und Weihnachten entspricht zwölf Einheiten! Das hilft zur Erklärung des Gedankens, daß bei gewissen Menschen innerlich »etwas aushakt«, wenn nur ein Strohhalm auf sie fällt. Unsere Kapazität für Trauma hat ihre Grenzen.

Joseph Bayly könnte das sicherlich verstehen. Er und seine Frau verloren drei ihrer Kinder – eins mit achtzehn Tagen (nach einer Operation); ein anderes mit fünf Jahren (Leukämie); ein drittes mit achtzehn Jahren (Schlittenunfall plus Bluterkrankheit). In meinen kühnsten Vorstellungen kann ich die Tiefe ihres Verlustes nicht ergründen. Nach diesem tiefen Trauma stand das Ehepaar Bayly manchmal stark und manchmal schwach da, wenn sie betrachteten, daß Gott eine Zeit vor das Ende des gefällten Urteils über das Leben ihrer drei Kinder gesetzt hatte. Und ihr Seelenschmerz war nicht gemindert, wenn gutmeinende Menschen mitten in ihrem Leid oberflächliche, simple Antworten anboten.

Augen, die diese Worte lesen, mögen den Tränen sehr nahe sein. Sie versuchen, ohne Hoffnung fertig zu werden. Sie sind gefährlich nahe an der »200-Einheiten«-Grenze . . . und da ist keine Erleichterung am Horizont sichtbar. Sie bluten, und sie laufen ohne Verband herum. Sie haben sich von einer sanften Anspannung zu einem fortgeschrittenen Trauma hin bewegt.

Seien Sie vorsichtig! Sie sind in einer seelischen Gefahrenzone. Sie sitzen geduckt da, und der Widersacher zielt mit beiden Geschützen auf Sie, bereit, das Feuer zu eröffnen, wenn Sie verwundbar sind. Bumm: »Lauf weg!« Bumm: »Denk an Selbstmord.«

Hören Sie gut zu! Jesus Christus öffnet die Tür, schaut Sie freundlich an und sagt:

Kommt alle her zu mir, die ihr euch abmüht und so belastet seid; ich will euch Ruhe schenken, daß ihr aufatmen könnt . . . ich bin sanftmütig und von Herzen demütig; so werdet ihr für eure Seelen Ruhe finden (Matth. 11, 28, 29, nach Bruns).

Nichts Kompliziertes, keine große Fanfare, keine Reise nach Mekka, keine Hypnose, keine Gebühr, keine spezielle Losung. Nur kommen! Wie? Beladen. Legen Sie den Packen ab und lassen Sie ihn in seinen Schoß fallen . . . jetzt. Gestatten Sie ihm, Ihren Streß zu nehmen, so wie Sie seine Ruhe nehmen. Weiß er überhaupt, was Trauma ist? Denken Sie daran, er ist der, dessen Schweiß wie Blutstropfen wurde im Todeskampf in Gethsemane. Wenn irgend jemand Trauma versteht, dann er.
Er ist ein Meister, die Verwüstung restaurierend zu verwandeln. Seine Maßnahme ist gründlich, möglich und richtig.
Es ist wirklich eine Sache von Leben und Tod.

Den Lauf beenden

Es ist nicht genug, was heute über einen guten Abschluß gesagt und geschrieben wird.
Große Mengen an Material dagegen sind zu haben als Motivation zum Anfangen, für kreative Wege, um die Initiative anzukurbeln. Unmengen an Ratschlägen sind im Umlauf über Zielsetzung und Schaffung von Prioritäten und Entwicklung von Spielplänen. Alles ist sehr einsichtig und notwendig. Da herauszukommen ist oft eine Herkulesaufgabe.
Aber lassen Sie dies uns zur Abwechslung einmal von der

anderen Seite her anhören. Lassen Sie uns die Tugend des Dranbleibens preisen, bis etwas getan ist. Hart dranzubleiben, wenn die Freude und der Spaß an Disziplin und Mumm verblaßt sind. Wissen Sie, acht Minuten vor Schluß in der zweiten Halbzeit noch genauso entschieden wie beim Anpfiff dabeisein, darum geht es. Nicht das Herz zu verlieren, auch wenn das Projekt seinen Reiz verloren hat. Eugene Peterson schreibt in ihrem Buch »A Long Obedience in the Same Direction« (Ein langer Gehorsam in derselben Richtung) treffend:

> Unsere Spanne der Aufmerksamkeit ist von Dreißig-Sekunden-Geschäften bedingt. Unser Wirklichkeitsempfinden ist auf Dreißig-Seiten-Abrisse verflacht.
>
> Es ist nicht schwierig, in solch einer Welt einen Menschen für die Botschaft des Evangeliums zu interessieren; aber es ist schrecklich schwierig, das Interesse wachzubehalten. Millionen von Menschen treffen Entscheidungen für Christus, aber es gibt eine entsetzlich hohe Verlustrate. Heute kann selbst die Gute Nachricht von Gott frisch verpackt verkauft werden; aber wenn sie ihr Neusein verliert, geht sie in den Müll. Es gibt einen großen Markt für religiöses Erleben in unserer Welt; aber es gibt wenig Enthusiasmus für das geduldige Erwerben von Tugend, eine geringe Neigung, eine lange Lehrzeit zu unterschreiben, was frühere Generationen von Christen Heiligung nannten.

Ich fürchte, unsere Generation ist der »Ich-bin-es-leid-ich-geb's-auf« Mentalität gefährlich nahe gekommen. Und nicht nur im geistlichen Bereich. Diät-leben ist eine Leistung, also bleiben wir dick. Die Schule zu beenden ist anstrengend, also springen wir ab. Eine enge Beziehung zu pflegen ist schmerzlich, also geben wir sie auf.

Ein Buch zu schreiben ist zu fordernd, also fangen wir erst gar nicht damit an. Sich in einer Ehe durch Konflikte hindurchzuarbeiten ist ein ermüdender Kampf, also gehen wir weg. In einem Beruf durchzuhalten ist hart, also schauen wir uns nach etwas anderem um. Das erinnert mich an einen Schrieb, den meine Schwester mir kürzlich in die Hand drückte, mit dem Titel: Sechs Phasen eines Projekts:

- Enthusiasmus
- Ernüchterung
- Panik
- Suche nach dem Schuldigen
- Bestrafung des Unschuldigen
- Preis und Ehre für die Nichtbeteiligten

Zu der Zeit, wenn ein Projekt einen schwierigen Kurs eingeschlagen hat, ist die Ausführung bereits durch die Verwirrung ersetzt. Beteiligte sind zu Zuschauern übergewechselt. Die Ich-geb's-auf-Mentalität triumphiert.
Ignace Jan Paderewski, der berühmte Komponist und Pianist, hatte eine Vorstellung in einer großen Konzerthalle. Es war ein denkwürdiger Tag – schwarze Smokings und lange Abendkleider, eine volle Ladung Extravaganz der High Society. In der Zuschauermenge jenes Abends befand sich auch eine Mutter mit ihrem unruhigen neunjährigen Sohn. Des Wartens müde, räkelt er sich fortwährend in einem Sitz. Seine Mutter war der Hoffnung, daß ihr Junge Mut bekommen würde, Klavier zu üben, wenn er den unsterblichen Paderewski hören würde.
In einem unbedachten Augenblick vor Beginn des Konzerts schlüpfte er weg von ihrer Seite, seltsam hingezogen zu dem großen Steinway-Flügel aus Ebenholz und sei-

nem ledernen Stuhl auf der riesigen Bühne, überflutet von blendendem Licht. Ohne große Beachtung des kulturbeflissenen Publikums setzte sich der Junge auf den Stuhl und starrte mit großen Augen auf die schwarzweiße Tastatur. Er legte seine kleinen, zitternden Finger in die rechte Stellung und begann den »Flohwalzer« zu spielen. Irritiert und verärgert ertönten Rufe aus dem Publikum:

»Entfernen Sie den Jungen vom Podium!«

»Wer hat so ein kleines Kind mit hierher gebracht?«

»Wo ist seine Mutter?«

»Jemand sollte ihn bremsen!«

Hinter der Bühne lauschte der Meister auf die Klänge. Eilig griff er nach seinem Rock und ging schnell auf die Bühne. Ohne ein Wort der Ankündigung beugte er sich von hinten über den Jungen, reichte mit dem Armen um ihn herum und fing an, eine Begleitmusik zu improvisieren. Als die beiden so miteinander spielten, flüsterte Paderewski dem Jungen immer wieder ins Ohr:

> »Mach weiter! Gib nicht auf, Sohn! Spiel weiter- . . . hör nicht auf . . . gib nicht auf.«

So ist es mit uns. Wir arbeiten eifrig an unserem Projekt, das genauso bedeutsam zu sein scheint wie der »Flohwalzer« in einem Konzertsaal. Und wenn die Zeit kommt, daß wir enttäuscht, resigniert aufgeben wollen, dann kommt der Meister, lehnt sich über uns und flüstert: »Mach nur weiter! Gib nicht auf!«

Schreibe ich heute für ein paar müde Pilger? Wird der Weg lang und die gezeigte Hoffnung ein bißchen dünn? Oder für ein paar Eltern, die sich fragen, ob es das alles wert ist – dieses anspruchsvolle Geschäft des Kindererziehens, das tägliches Saubermachen beinhaltet und ein Leben voller Verantwortung? Oder für Sie, die Sie einen

Traum haben, ohne ihn erfüllt zu sehen? Horchen Sie auf die Worte des Meisters:

»Lasset uns aber Gutes tun und nicht müde werden; denn zu seiner Zeit werden wir auch ernten, wenn wir nicht ablassen« (Gal. 6, 9).
»Darum . . . seid fest, unbeweglich . . . weil ihr wisset, daß eure Arbeit nicht vergeblich ist in dem Herrn« (1. Kor. 15, 58).
»Seid nüchtern und wachet . . . und wisset, daß dieselben Leiden über eure Brüder in der Welt gehen. Der Gott aber aller Gnade wird euch, die ihr eine kleine Zeit leidet, vollbereiten, stärken, kräftigen, gründen« (1. Petr. 5, 8–10).

Viele beginnen das Leben als Christ wie ein gleißender Blitz – heiß, schnell und blendend. Aber wie viele Menschen können Sie nennen, die den Lauf mit bleibendem Enthusiasmus und anhaltender Energie beendet haben? Gewiß, es gibt sie, aber warum sind es so wenige? Was ist unterwegs passiert, das die Zahl der Aussteiger ansteigen ließ? Ich wünschte wirklich, ich wüßte die Antwort. Wenn ich sie wüßte, ich riefe laut die Warnungen von der Kanzel, Sonntag für Sonntag. Nein, besser noch, ich würde jeden mutlosen Menschen, den ich träfe, persönlich ermuntern, ehe es zu spät ist.
Bevor man aufgibt und sich, anstatt das Menuett oder Konzert in a moll zu meistern, mit dem »Flohwalzer« begnügt.

Die Zunahme der Gewalttätigkeit

Wie kleine Stücke von Dynamit, mit einer kurzen Zündschnur zusammengebunden, so ist auch unsere Zeit richtig bedrohlich. Vielleicht aber ist flüchtig eine bessere Bezeichnung. Bei der leichtesten Provokation ist der Ärger bereit, in Form von physischer Gewalttätigkeit auszubrechen. Und da ist auch kein Unterschied, ob das eine Gruppe aufgeregter Bauern ist, Gewerkschafter, Unternehmer, Arbeiter oder die geladenen Kanonen im Mittleren Osten. Der gesamte Globus scheint bis zum Rand gefüllt zu sein mit Feindseligkeit, nur auf den Rippenstoß eines internationalen Auslösers wartend, der das ganze zu einer vollkommenen Katastrophe führt.

Es ist allerdings nicht nur ein allgemeines riesiges globales Problem. Es ist auch ein persönliches. Es ist in Ihrer Nachbarschaft, Ihrer Schule, da wo Sie arbeiten. Mädchen gehen nicht mehr nach dem Dunkelwerden allein durch den Park. Nur Einfältige verlassen ihren Wagen unverschlossen. Sicherheitssysteme für die Häuser werden nicht mehr nur als Luxus der Reichen betrachtet. Nicht einmal die Lehrer sind sicher in ihren Klassenräumen.

Aber ich muß bekennen, den letzten Schock bekam ich, als ich die Geschichte eines schrecklichen Mordes las, geschehen in einem ruhigen Wohngebiet. Der Mörder? Ein Mann, angeheuert von den beiden Kindern des Ermordeten. Sein 17-jähriger Sohn und seine 14-jährige Tochter zahlten 60 Dollar für die Ermordung ihres eigenen Vaters. Als die Polizei die Geschichte zusammenstückelte, ergab sie einen unglaublichen Bericht. Der Mörder war angeheuert, mit einem 38-Kaliber-Revolver im Schoß im Wohnzimmer zu sitzen. Als das

Opfer nach der Arbeit in die Tür trat, schoß der Mörder einmal und verfehlte, dann schoß er noch einmal und traf ihn in den Arm. Als das Opfer in die Küche rannte, um durch die Hintertür zu entfliehen, traf ihn ein dritter Schuß in den Kopf. Die Tochter wartete übrigens in einem anderen Zimmer, bis der fatale Schuß abgefeuert war.

Und was dann? Die Teenager zahlten den Mörder mit dem Geld aus der Tasche ihres Vaters, dann versteckten sie seinen toten Leichnam in einem hinteren Raum. Danach lösten sie seinen letzten Gehaltsscheck ein und benutzten seine Kreditkarten zu einem zehntägigen Bummel. Sie gaben ungefähr 2000 $ aus für Fernsehgeräte, Videospiel, Fahrräder und anderes Amusement. Während der Leichnam in einem kleinen Zimmer verweste, kochten sie ihre Mahlzeiten in der Küche, ein paar Meter weiter, und genossen ihr Leben im Wohnzimmer. »Es war so wie immer«, sagte ein Untersuchungspolizist. Nachdem sie verhaftet worden waren, bekannten sie das gesamte bizarre Ereignis. Auf die Frage warum, antworteten sie: »Er wollte uns nicht alles tun lassen, was wir wollten, wie rauchen . . . «

Deshalb hatten sie ihn beseitigt. Vielleicht sollte ich noch hinzufügen, daß der Mörder ein 19-jähriger Freund der Kinder war.

Über ein schmuddeliges Stück Pergament gebeugt, unter dem unheimlichen Schein der Kerze in einem Steinverlies, schrieb der betagte Paulus seine letzten Sätze. Aber sie rütteln uns wach mit einer ungemeinen Wucht:

Das sollst du aber wissen, daß in den letzten Tagen werden greuliche Zeiten kommen. Denn es werden die Menschen viel von sich halten, geldgierig sein, ruhmredig, hoffärtig, Lästerer, den Eltern ungehorsam, undankbar, gottlos, lieblos, unversöhnlich, Verleumder, zuchtlos, wild, ungütig, Verräter, Frevler, aufgeblasen . . . (2. Tim. 3, 1–4).

Der griechische Begriff, den er für »greuliche Zeiten« wählte, bedeutet buchstäblich »wild, rauh, schwer zu handhaben, grausam«. Er wird nur noch einmal im ganzen Neuen Testament gebraucht, und zwar von den zwei besessenen Männern, die als »sehr gefährlich« angesehen wurden (Matth. 8, 28). Eine passende Beschreibung unserer Zeit. Außerordentlich gewalttätig. Operation Pulverfaß, bereit zur Explosion.
Es gibt einen Hoffnungsschimmer inmitten dieser Flut von Gewalttätigkeit: Das Kommen Christi kann nicht mehr weit entfernt sein. Diese »letzten Tage« der Not – so langsam sie auch zu vergehen scheinen – sind tägliche Erinnerung daran, daß unsere Erlösung naht. Und » . . . wir werden aber alle verwandelt werden; und dasselbe plötzlich, in einem Augenblick« (1. Kor. 15, 51.52).
Gleich, schnell. Richtig schnell. Schneller als eine Zündung von Dynamit.

Ein Krieg unter den Sternen?

Stellen Sie sich einmal diese Szene vor:

Es wird aber des Herrn Tag kommen wie ein Dieb; dann werden die Himmel zergehen mit großem Krachen; die Elemente aber werden vor Hitze schmelzen, und die Erde und die Werke, die darauf sind, werden verbrennen. Wenn das alles soll so zergehen, wie müßt ihr da geschickt sein in heiligem Wandel und gottesfürchtigem Tun, die ihr wartet und eilet zu der Ankunft des Tages Gottes, an welchem die Himmel vom Feuer zergehen und die Elemente vor Hitze zerschmelzen werden! (2. Petr. 3, 10–12).

Schaurig, daß die Himmel zergehen werden. Schrecklich die astronomische Zerstörung und die zweimal erwähnte »Hitze«, was in einer totalen Vernichtung der Erde enden wird. Ich bin gespannt, wie. Ich war es schon immer. Ich habe genau dasselbe gehört wie Sie über die superatomaren Gefechtsköpfe und die Wasserstoffbombe im dritten Weltkrieg. Aber irgendwie erklärt das niemals, wie »die Himmel zergehen« werden, wie die Atmosphäre und Stratosphäre vom Feuer ausgelöscht wird!

Da dies in »den Tag des Herrn« führen soll, hatte ich immer Vorbehalte, zu glauben, daß er das Feuerwerk des Menschen gebrauchen würde, um seine Ankunft vorzubereiten. Wenn ich diese Verse genau lese, dann beschreiben sie eine solche phänomenale destruktive Kraft, daß sie unsere gesamte Rüstung wie einen Feuerwerkskörper in einer Büchse erscheinen läßt. Es ist unmöglich, sich den Weltuntergang auszumalen.

Doch vor kurzem stolperte ich beim Lesen über einen möglichen Durchblick. Es mag ein Hinweis dafür sein, wie der Herr diesen endgültigen Trompetenstoß plant.

Am 9. März 1979 berichteten neun an verschiedenen Punkten des Solarsystems stationierte Satelliten simultan ein bizarres Ereignis tief im Weltraum. Es war in der Tat die stärkste Energieexplosion, von der je berichtet wurde.

Das Brechen der Gammastrahlen dauerte nur ein Zehntel einer Sekunde; in diesem Moment jedoch strahlten sie so viel Energie aus wie die Sonne in 3 000 Jahren. Ein Astrophysiker sagte, die erzeugte Energie war auf der

Skala 100 milliardenmal größer als die Energieausstrahlungsnorm der Sonne. Wenn die Gammaausstrahlung im Milchstraßensystem erfolgt wäre, hätte sie unsere gesamte Atmosphäre in Glut gesetzt und unsere Erde wäre verdampft – sofort.
Aber es geht noch weiter. Die Satelliten waren in der Lage, den Ort der Explosion festzuhalten, und zwar in einer Milchstraße, die als Nr. 49 bekannt und mit den Überresten einer Super Nova verbunden ist, von der man glaubt, daß sie vor über zehntausend Jahren explodierte.
Wenn ein Stern in einer Super Nova explodiert, wird die äußere Hülle fortgeblasen und der innere Kern verdichtet sich aus eigener Schwerkraft zu einem über 170 000 mal verkleinerten »Ball« von enormem Gewicht.
So ungebildet und unwissend wir auf technischem Gebiet auch sein mögen, wirft dies doch etwas Licht auf die Bemerkung des Petrus, für mich viel eindrücklicher als die Vorstellungen vom atomaren Feuerwerk durch Menschenhand. Statt Atomkriege werden es eher Sternenkriege sein.

Mein Vater und sein Tod

Mein Vater starb letzte Nacht.
Er ging so, wie er lebte: still. Bescheiden. Mit Würde. Ohne Forderungen oder rauhe Worte, nicht mal ein Stirnrunzeln, er, – ein müde gewordener, geschwächter, bescheidener Herr – gab sich in die Arme seines Heilands. Der Tod, ein selbstsüchtiger und verfluchter Feind des Menschen, gewann einen weiteren Kampf.
Als ich das Haar aus seiner Stirn strich und ihn zum Abschied küßte, spielten sich hundert Kindheitserinnerungen in meinem Kopf ab.

- als ich das Fahrradfahren lernte, er war da.
- als ich mit der Multiplikationstabelle rang, seine witzige Art löschte die Frustration aus.
- als ich das Abenteuer des Autofahrens entdeckte, er war nahe und machte mir Mut.
- als ich meinen ersten Job bekam – Zeitungen austragen –, er informierte mich, wie ich meine Einnahmen steigern könnte. Es ging!
- als ich ein junges Mädchen in Erwägung zog, in das ich mich verliebt hatte, zog er mich zur Seite und sprach offen mit mir über die Verantwortung für ihr Wohlergehen und ihr Glück.
- als ich mich für das Marine Corps entschied, machte es mir die Disziplin, die ich von ihm gelernt hatte, leichter.

Von ihm lernte ich zu fischen. Wie man Flundern und Forellen und roten Fisch fängt. Wie man Austern öffnet und Krabben herrichtet . . . und Chili . . . und Popcorn . . . , und wie man Flöße macht und Jagdbeutel. Ich war immer wieder erstaunt über seine Fähigkeit, Dinge zu tun, wie z. B. die alten Gaslaternen mit einem Band zu versehen, im Regen ein Feuer anzuzünden, die Mundharmonika mit den Händen auf dem Rücken zu spielen und drei willensstarke Kinder davon abzuhalten, das Haus abzureißen.

In der letzten Nacht entdeckte ich, daß ich ihm zu danken habe für meine tiefe Liebe zu meinem Land. Und daß ich eine liebevolle Fürsorge für meine Frau kenne. Und für das Lachen bei Unmöglichkeiten. Und für einige Gewohnheiten, die ich angenommen habe, wie das positive Herantreten an Menschen, anstatt von der negativen Seite her zu kommen. An einer Aufgabe zu bleiben, bis sie fertig ist. Gut auf meine persönlichen Dinge acht zu haben, geputzte Schuhe zu haben, laut zu sprechen, anstatt zu flüstern. Autorität zu achten und (wenn nötig) für meine persönliche Überzeugung allein dazustehen , anstatt sie der gängigen Meinung preiszugeben. Für all diese Dinge bin ich dem Mann, der mich erzog, tief zu Dank verpflichtet.

Gewisse Gerüche und Geräusche erinnern mich jetzt spontan an meinen Vater. Austernpfanne. Die Brise des Ozeans. Der Rauch einer teuren Zigarre. Das nostalgische Gewimmer einer Mundharmonika. Eine Campinglaterne und Propangas. Autopolitur. Lustige Lieder aus den Dreißigern und Vierzigern. Frisch gemähtes Gras. Ein schriller Pfiff eines Vaters um die Abendbrotzeit, der seinen Kindern gilt. Ein Old Spice Aftershave.

Weil ein Vater so permanent auf seine Familie einwirkt, deshalb meine ich, daß ich besser als je verstehe, was die Schrift meint, wenn Paulus schreibt:

So hatten wir Herzenslust an euch und waren willig, euch mitzuteilen nicht allein das Evangelium Gottes, sondern auch unser Leben, darum daß wir euch liebgewonnen hatten . . . Denn ihr wisset, daß wir, wie ein Vater seine Kinder, einen jeglichen unter euch ermahnt und aufgerichtet und euch beschworen haben, daß ihr wandeln solltet würdig des Gottes, der euch berufen hat zu seinem Reich und zu seiner Herrlichkeit (1. Thess. 2, 8. 11–12).

Zugegeben, die meisten von Vaters Anweisungen waren indirekt – mehr durch Vorleben als durch explizite Behauptungen. Ich kann mich nicht so sehr an öffentliche Liebesbezeugungen erinnern wie daran, daß er sie bewies. Sein Leben drehte sich um meine Mutter, der liebste Mensch und die Wonne seines Lebens. Darin bin ich sicher, als sie vor neun Jahren von uns ging, starb auch etwas von ihm. Und nun hat er sich zu ihr gesellt,

und sie sind zusammen bei ihrem Herrn. In der engsten Verbindung, die man sich nur vorstellen kann.
Darin finden meine Schwester, mein Bruder und ich unseren größten Trost – sie sind jetzt immer *beim Herrn* – ewig befreit von Schmerz, vom Altern und Tod. Geborgen in Jesus Christus, unserem Herrn.
Letzte Nacht habe ich »Auf Wiedersehen« gesagt. Ich versuche immer noch, es zu fassen. Man hatte gedacht, es würde leicht sein, weil seine Krankheit bereits länger als drei Jahre währte. Wie gut erinnere ich mich an den Sonntag, als er das erstemal einen Schlaganfall erlitt, während ich predigte. Gott gewährte ihm ein paar Jahre mehr, um viele von uns die Dinge schätzen zu lehren, die wir als so selbstverständlich hinzunehmen neigen.
In seinem Vermächtnis hinterließ er eine Bibel mit vielen Anmerkungen, die ich liebe, eine Reihe von Empfindungen, daß ich meine Wurzeln tiefer schlagen muß, und tausend Erinnerungen, die mich trösten, wenn ich Ablehnung mit Akzeptieren und Lob ersetze.
Ich erwarte das Öffnen der Himmelstür in einer nicht zu entfernten Zukunft. So geht es auch anderen Christen, die auf die Wiederkunft Christi gespannt hoffen. Die meisten von ihnen rechnen damit, das sanfte Zupfen einer Harfe zu hören oder das schrille Staccato-Blasen einer Trompete. Ich nicht! Ich werde das nostalgische Gewimmer einer Mundharmonika hören . . . gehalten von den Händen des Mannes, der letzte Nacht starb . . . oder war es gar nicht so? Die Erinnerungen sind so frisch wie der Sonnenaufgang am Morgen.

Mein Herr und seine Wiederkunft

Es war ein anderer Abend, an dem meine Frau und ich ein ruhiges Gespräch miteinander genossen. Wir schlürften frischgekochten Kaffee, das Haus war ungewöhnlich still, und es lagen auch keine Pläne vor, um an diesem Abend irgendwohin zu gehen. Wissen Sie, einer dieser unbezahlbaren Augenblicke, den man einzufangen wünscht, um ihn für eine spätere Zeit zu konservieren, wenn man ihn nötig hat.

Aus irgendeinem seltsamen Grund wandte sich unser Gespräch zum Thema der Wiederkunft Christi. Fast wie von selbst entdeckte ich mich dabei, wie ich den Gedanken weiter auszog, als ich es monatelang getan hatte. Cynthia und ich lachten über einige Kommentare, die jeder macht im Blick auf die Beurteilung des Kleinkrams, den wir jetzt zu bewältigen haben – wie das Saubermachen unserer Garage oder das Anlegen des Gartens! Wir lächelten auch miteinander beim Nachsinnen über die Freude, die wir beim Zusammenleben mit der Familie und mit Freunden, verbunden durch den Leib Christi in alle Ewigkeit haben werden.

Als die Zeit immer weiter fortschritt, kehrte ich zu dem Gedanken zurück: »Er kommt wieder! Und wie anders wird es sein.« Es ist beachtlich, wenn man einmal anhält und sich speziell damit beschäftigt, wie viele Dinge, die wir für selbstverständlich genommen haben, plötzlich beseitigt oder drastisch verändert sein werden. Denken Sie einmal darüber nach.

Ist es vergeblich, das Kommen des Herrn ins Auge zu fassen? Ganz im Gegenteil. Es ist biblisch, wie wir es Titus 2, 13 lesen können:

. . . und warten auf die selige Hoffnung und Erscheinung

der Herrlichkeit des großen Gottes und unseres Heilandes Christus Jesus.

Wann war es das letzte Mal, daß Sie – allein – über diese Tatsache nachgedacht haben? Wenn Sie so sind wie ich, dann ist es zu lange her. Menschen, die mehr praktisch als mystisch veranlagt sind, die viel mehr Realisten als Idealisten sind, neigen dazu, diese Dinge auf Zeiten zu verschieben wie Beerdigungen oder andere Erlebnisse in der Nähe des Todes. Die meisten von uns sind vielmehr Hier-und-jetzt-Denker, als Dann-und-da-Menschen. Aber die Schrift sagt: »So tröstet euch nun . . . untereinander« (1. Thess. 4, 13–18) mit der Kenntnis über die Wiederkunft Jesu. Es heißt, diese Wahrheiten bilden die eigentliche Grundlage zu einem Lebensstil, der »fest, unbeweglich« ist und immer mehr zunimmt (1. Kor. 15, 50–58). Hören Sie zu, unsere Bibel ist voll und läuft über von Verheißungen und Ermutigungen, die direkt auf die Wiederkunft unseres Herrn Christus bezogen sind. Ich habe es geprüft, es sind nicht nur Andeutungen, es sind Höhepunkte, es ist ein offensichtliches Thema der Wahrheit des Neuen Testaments. Sie können nicht weit lesen, ohne darüber zu stolpern, gleich, welches Buch der Bibel Sie auch wählen. Im Neuen Testament allein sind Ereignisse, die sich auf das Kommen Christi beziehen, mehr als dreihundertmal erwähnt. Es ist wie das Weiße am Reis.

Kritiker haben es geleugnet. Zyniker haben darüber gelacht. Gelehrte haben es ignoriert. Liberale Theologen haben es wegerklärt – sie nennen es »neu zu interpretieren« – und Fanatiker haben es verdreht. »Wo bleibt die Verheißung seines Kommens?« (2. Petr. 3, 4) rufen immer noch viele sarkastisch. Die Wiederkunft unseres Heilands wird auch weiterhin angegriffen und miß-

braucht und verleugnet werden. Aber es steht da, fest wie ein Stein, zur baldigen Erfüllung, bereit, uns Hoffnung anzubieten und Ermutigung mitten in Verzweiflung und Unglauben.
»Okay, gut. Aber was soll ich in der Zwischenzeit tun?« Ich kann ein Dutzend und mehr Pragmatiker diese Frage stellen hören. Erstens, es mag das beste für Sie sein, zu begreifen, was Sie nicht tun sollten. Sie sollten nicht herumsitzen und auf irgendein Signal horchen. Sie sollten nicht dauernd zum Himmel starren und nach der Wolke der Entrückung Ausschau halten. Sie sollten sich kein weißes Gewand umhängen und einen heliumgefüllten Ballon kaufen, überall mit Engeln bemalt. Und sie sollten nicht Ihre Arbeit aufgeben und nach Australien ziehen aus Angst, ihn zu verpassen, wegen des Smogs. Und, aus gutem Grund, Sie sollten nicht versuchen, das Datum festzusetzen, wegen der »Zeichen der Zeit«!
Und doch sollten Sie etwas tun. Sie sollten jeden Tag – als sei es der letzte – zu seiner Ehre leben. Sie sollten Ihrer Arbeit fleißig nachgehen und zwar auch zu Hause – als ob er in den nächsten zehn Jahren nicht käme – zu seines Namens Ehre. Sie sollten Salz sein bei jeder Gelegenheit, die Sie bekommen . . . und als Licht scheine . . . und im Gleichgewicht bleiben, heiter, gewinnend und beständig, sein Wiederkommen Tag für Tag erwartend. Etwas anderes weiß ich Ihnen nicht zu sagen.
Außer wenn Sie nicht absolut sicher sind, ob Sie »mitfliegen« werden, dann sollten Sie sich schnell Ihr Ticket besorgen, solange sie noch zu haben sind, sie sind umsonst. Aber warten Sie nicht. Bis Sie sich endgültig besonnen haben, könnte das Ganze passiert sein, und Sie bleiben zurück, anstatt mitzukommen.
Was nützt das Ticket, wenn die Gelegenheit verpaßt ist?

Eine Entscheidung . . .

Wir haben miteinander über eine Menge Fragen nachgedacht. Es gibt mehr – viel mehr, aber wenige, die wichtiger sind als die, die etwas zu tun haben mit Irrtum und Wahrheit, jetzt und später, Gleichgewicht und Extremen, Leben und Tod.

Es sei denn, Sie haben das Buch nur durchgeblättert, andernfalls haben Sie wahrscheinlich mit einigen dieser Ausführungen, die Sie gelesen haben, zu kämpfen gehabt. Das ist gut. Es ist in der Tat wesentlich. Es gibt keinen Weg, sich ohne Kampf ehrlich zu entscheiden. Harte, dauerhafte Entscheidungen sind wie neugeborene Babys; sie werden geboren in einem schmerzhaften Prozeß. Und je schwieriger die Entscheidung, um so größer der Schmerz.

Zwischen den Zeilen werden Sie eine entscheidende Botschaft entdeckt haben. Ich wählte die zartere Form, anstatt sie auf Sie herunterzuhämmern. Warum? Weil ich Sie achte, die Sie meine Worte lesen. Die Betonung, die ich weiterzugeben versucht habe, schließt die Möglichkeit ein, zu denken, Schlüsse zu ziehen und zu entscheiden auf der Basis des Vertrauens in die Tatsachen, nicht aufgrund von Gefühlen.

Aber weder meine Achtung noch mein Stil gibt mir die Freiheit, den letzten Abschnitt ohne die einzig wichtige Frage des ganzen Lebens zu stellen. Ich beziehe mich auf das Verhältnis zum lebendigen Gott, wie Sie ihn kennenlernen können in persönlicher und bedeutungsvoller Weise.

Vor neunzehn Jahrhunderten starb Jesus Christus für die Sünde der Menschheit. Kurz danach wurde er leibhaftig auferweckt von den Toten – ein in Erstaunen versetzendes Wunder. Er lebt! Sein Tod und seine Auferstehung bereiteten den Weg des Zugangs zu Gott. Aber das bedeutet nicht, daß alle Menschen zur Familie Gottes gehören. Nein. Es bedeutet, daß es Menschen wie Ihnen und mir nun möglich ist, daß uns vergeben wird und wir voll akzeptiert werden, wenn wir ganz einfach glauben, daß Jesus Christus starb – und vom Tod auferweckt wurde – an unserer Statt – für uns persönlich.

Von allen Dingen, die Sie entscheiden müssen, ist nichts bedeutsamer als dies. Und niemand kann das für Sie tun oder einen Alternativplan anbieten, den Gott billigen würde. Sie müssen selbst persönlich die Gabe des ewigen Lebens durch den Glauben an Jesus Christus annehmen. Sie allein müssen sich entscheiden im Blick auf das Christsein. Sie sind wichtig – eine wertvolle, bedeutsame Person, der Mühe wert, mit einer ewigen Seele. Gott streckt sich heute gnädig nach Ihnen aus und erweist seine Liebe und Vergebung. Er bietet Ihnen ewiges Leben an.

Warum? Lassen Sie es mich wiederholen: weil er Sie wert achtet. Sie sind ihm wichtig. Ihre Antwort – auch wenn sie nur eine unter Milliarden von Menschen auf der Erde darstellt – ist bedeutsamer, als Sie es sich vorstellen können.

Entscheiden Sie sich heute!

Weitere Bücher von Charles Swindoll:

VON RIESEN BEDROHT –
VON DORNEN GEPLAGT
Vom Kampf und Sieg über sich selbst

Edition C, Nr. M 53, 96 Seiten

Riesen machen uns Angst, Dornen verursachen Schmerzen – das ist eine Lebenserfahrung. Sie bedrängen in abgewandelter Form auch das Leben des Christen.
Bitterkeit, Angst, Gerüchte, Leid und viele andere »Riesen« und »Dornen« haben sich in unserer Welt eingenistet. Der Autor zeigt, wie man diesen grollenden Riesen die Stirn bietet und wie man das Fleisch von eiternden Dornen falschen Verhaltens reinigt.

ENTFACHE DAS ALTE FEUER
Vom Duell in der Ehe zurück zum Duett

Edition C, Nr. F 13, 168 Seiten

Dieses Buch will eine Lücke schließen. Alles, was hier von Bedeutung gesagt wird, stammt aus der Bibel, aus dem Plan Gottes für die Ehe. Das heißt aber nicht, daß der Autor etwas vorpredigen will. Beim Lesen wird man bald merken, daß die Erkenntnisse, die hier mitgeteilt werden, realistisch, glaubwürdig, positiv, nicht zu kompliziert und frei von perfektionistischen Anforderungen sind. Auf einmalige, humorvolle, spritzige und gleichermaßen überzeugende Art zeigt der Autor, wie der Plan Gottes für die Ehe aussieht, und wie man dorthin zurückfinden kann, wie man das alte Feuer wieder entfacht.

VERLAG DER FRANCKE-BUCHHANDLUNG GMBH
MARBURG AN DER LAHN

DREI SCHRITTE VORWÄRTS – ZWEI ZURÜCK
Vom festen Stand in rauhen Tagen

TELOS-Paperback Nr. 1244, 176 Seiten

Christen muß gesagt werden, daß Schwierigkeiten und Bedrängnis ein Teil ihres Weges sind. Gott hat weder eine Schutzhülle versprochen noch Befreiung von Schicksalsschlägen garantiert.

Dieses Buch will auf die »andere Seite des Christenlebens« hinweisen, auf Einsamkeit, Versagen und fehlende Unterstützung, auf die Seite, die nicht über eine »jeden Tag ein neues Wunder«-Stärke verfügt.

Der Autor zeigt uns Menschen, die mit den schlimmsten Problemen des Lebens fertig werden mußten, und gibt realistische Antworten zu den Übeln und Tragödien des Lebens.

VERLAG DER FRANCKE-BUCHHANDLUNG GMBH
MARBURG AN DER LAHN